Näh mit!

AF649518

Näh mit!

Das GROSSE Ideenbuch

Ina Andresen & Stefanie Kroth

Inhalt

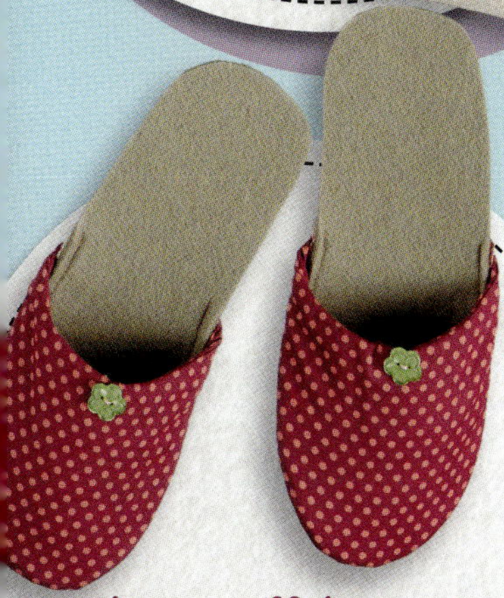

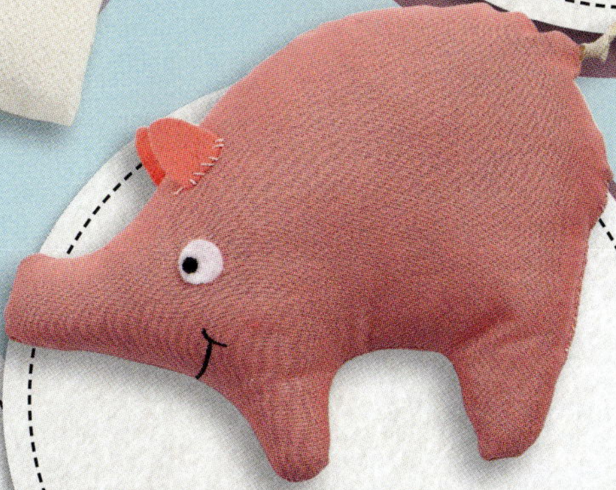

Nähen Schritt für Schritt

Hier erfährst du alles über die wichtigsten Arbeitsschritte und Fachausdrücke beim Nähen. Lies dir immer zuerst alle Arbeitsschritte durch und befolge dann die Anleitung in der richtigen Reihenfolge. Benutze die Nähmaschine und das Bügeleisen immer nur mithilfe und unter Aufsicht eines Erwachsenen. Anhand der Schwierigkeitsgrade, die am Anfang jeder Anleitung angegeben sind, kannst du dich orientieren.

GRÖSSENANGABEN

Bei manchen Modellen findest du Größenangaben. Welche Größe für dich die richtige ist, kannst du mithilfe der Maßtabelle bestimmen. Richte dich bei Oberteilen nach dem Brustumfang, bei Hosen und Röcken nach dem Hüftumfang. Auf dem Schnittmusterbogen findest du die Schnittmuster in der jeweiligen Größe. Die Größen kannst du anhand der Farbe der Linien unterscheiden. Wie du richtig Maß nimmst, findest du auf S. 9.

Größe = Körperhöhe	122 cm	128 cm	134 cm	140 cm	146 cm	152 cm	158 cm
Brustumfang	62 cm	65 cm	68 cm	71 cm	74 cm	77 cm	80 cm
Taillenumfang	56,5 cm	58 cm	59,5 cm	61 cm	63 cm	65 cm	67 cm
Hüftumfang	66 cm	69 cm	72 cm	75 cm	78,5 cm	82 cm	85,5 cm
Gummiband Hose / Zuschnitt	56,5 cm	58 cm	59,5 cm	61 cm	63 cm	65 cm	67 cm

LEGENDE SCHWIERIGKEITSGRAD

★☆☆ Leicht

★★☆ Mittel

★★★ Schwer

MASS NEHMEN

Für einige Modelle misst du deine persönlichen Maße aus, damit dir die Kleidungsstücke gut passen. Deinen Brustumfang, Taillenumfang und Hüftumfang kannst du auch mit der Maßtabelle (siehe S. 8) vergleichen, um die passende Größe für dich zu finden. Um Maß zu nehmen, legst du das Maßband entsprechend der Zeichnung um deinen Körper. Es sollte direkt am Körper anliegen, aber weder zu locker noch zu straff. Am besten trägst du beim Messen nur Unterwäsche, damit die Kleider nicht auftragen und die Ergebnisse verfälschen.

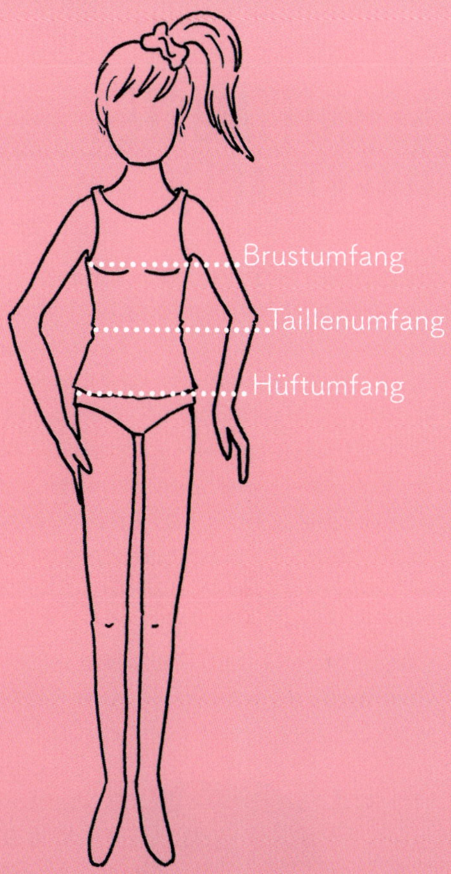

RECHTE UND LINKE STOFFSEITE

Als rechte Seite bezeichnet man die schönere Stoffseite, die nach dem Nähen außen zu sehen ist. Die Rückseite des Stoffs ist die linke Seite.

RECHTS AUF RECHTS

Zwei Stoffteile werden mit den schönen (rechten) Seiten aufeinandergelegt. Die linken Stoffseiten sind außen zu sehen.

FADENLAUF

Der Fadenlauf in einem Stoff verläuft parallel zur Webkante. Das sind die festeren Ränder des Stoffs. Rechteckige Schnittmuster werden mit einer Kante parallel zum Fadenlauf auf den Stoff aufgezeichnet. Bei den anderen Schnittteilen ist ein Pfeil für den Fadenlauf eingezeichnet. Bei Strickstoffen wie Jersey oder Bündchenstoffen entspricht der Fadenlauf dem Maschenlauf.

SCHNITTMUSTER ABPAUSEN

Lege Transparentpapier auf das Schnittmuster. Dann zeichnest du alle Linien und Markierungen des Schnittmusters mit einem Bleistift nach und schneidest das Muster mit einer Papierschere aus.

SCHNITTMUSTER ÜBERTRAGEN

Bügle den Stoff, damit er schön glatt ist. Lege den Stoff anschließend glatt auf den Tisch und stecke das Schnittmuster mit wenigen Nadeln fest, damit es beim Zeichnen nicht verrutscht. Bei Modellen mit mehreren Schnittmusterteilen verraten dir Auflagepläne auf dem jeweiligen Schnittmusterbogen, wie du die Schnittmuster am besten auf den Stoff auflegst. Umrande die Papiervorlage mit einem weichen Bleistift oder Kreidestift und zeichne, wenn nötig, die Nahtzugaben (siehe unten) an. Übertrage auch eingezeichnete Punkte, Pfeile und Markierungen vom Schnittmuster auf den Stoff. Was die Zeichen bedeuten, verrät dir die Legende auf dem Schnittmusterbogen. Anschließend entfernst du die Vorlage wieder. Um zwei gleiche Stoffteile auszuschneiden, faltest du den Stoff rechts auf rechts und steckst dann das Schnittmuster zum Übertragen auf.

NAHTZUGABE

An jeder Naht ist eine Nahtzugabe. So nennt man den Stoffrand zwischen Naht und Schnittkante. Man braucht sie, damit die Naht nicht aufgehen kann. Normalerweise sind Nahtzugaben 1 cm breit. Möchtest du ein Stoffteil mit Nahtzugaben zuschneiden, zeichnest du vor dem Zuschneiden eine Linie im Abstand von 1 cm rund um das Schnittmuster auf den Stoff und schneidest das Stoffteil dann entlang dieser Linie aus. Ob und wie viel Nahtzugaben du beim Ausschneiden der Stoffe dazugeben musst, steht jeweils in der Anleitung. Manche Schnittmuster enthalten bereits die Nahtzugabe, diese schneidest du direkt an der Schnittmusterkante aus. Einige Nahtzugaben müssen versäubert werden, damit sie nicht ausfransen.

STOFFBRUCH

Wird ein Stoff zusammengefaltet, heißt die Linie, an der der Stoff umgefaltet wird, Stoffbruch. Manchmal wird ein Schnittmuster direkt am Stoffbruch angelegt, dann hast du nach dem Zuschneiden ein Stoffstück, das doppelt so groß wie das Schnittmuster ist.

STOFFTEILE ZUSCHNEIDEN

Schneide die Stoffteile entlang der eingezeichneten Linie aus. Wenn zwei Lagen gleichzeitig geschnitten werden, stecke die Stoffe vorher mit einigen Nadeln zusammen.

STOFFE ZUSAMMENSTECKEN

Wenn es nicht anders angegeben ist, werden vor dem Nähen jeweils zwei Stoffteile rechts auf rechts gelegt und mit einigen Stecknadeln fixiert, also festgesteckt. Stecke die Nadeln am besten so in den Stoff, dass sie beim Nähen nicht stören und versetzt werden müssen. Bei flach aufeinanderliegenden Stoffteilen kannst du einige Nadeln in die Mitte des Modells stecken, mit etwas Abstand zur Nahtlinie.

Wenn du mit den Nadeln genau die Nahtlinie fixieren musst, steckst du die Nadeln quer zur Naht. Dann kannst du ganz langsam über sie hinweg nähen.

KANTEN UMBÜGELN

Bei einigen Modellen werden die Kanten auf links umgebügelt, bevor die Stoffe zusammengenäht werden. Damit die Kante, die du einbügelst, immer gleich breit ist, zeichnest du dir vorher eine Hilfslinie ein. Sie verläuft parallel zur Schnittkante im doppelten Abstand der Breite, in der die Kante umgebügelt werden soll. Möchtest du den Stoff zum Beispiel 1,5 cm umbügeln, zeichnest du vorher 3 cm parallel zur Kante mit Bleistift, Schneiderkreide oder Trickmarker eine Hilfslinie ein. Auf diese Linie muss die umgebügelte Kante treffen.

FADEN AN DER NÄHMASCHINE EINFÄDELN

Bevor du mit dem Nähen beginnst, fädelst du an der Nähmaschine das Garn ein. Für den Oberfaden wird das Garn von der Rolle von oben durch mehrere Ösen bis zur Nadel geführt. Der Unterfaden wird auf eine Spule aufgerollt und dann unter dem Nähfuß eingesetzt. Das funktioniert bei jeder Nähmaschine anders. Gehe nach der Anleitung des Herstellers in der Gebrauchsanweisung vor.

STICHLÄNGE EINSTELLEN

An der Nähmaschine kannst du die Stichlänge, also den Abstand zwischen zwei Nadeleinstichen in den Stoff, an einem Rad einstellen. Bei den meisten Stoffen stellst du die Stichlänge auf 2,5 mm ein. Bei dicken Stoffen oder mehreren Stofflagen etwas größer. Rundungen nähst du mit einer kleineren Stichlänge. Beim Zickzackstich wird zusätzlich auch die Stichbreite eingestellt. Die Einstellungen sind in den Modellanleitungen jeweils angegeben.

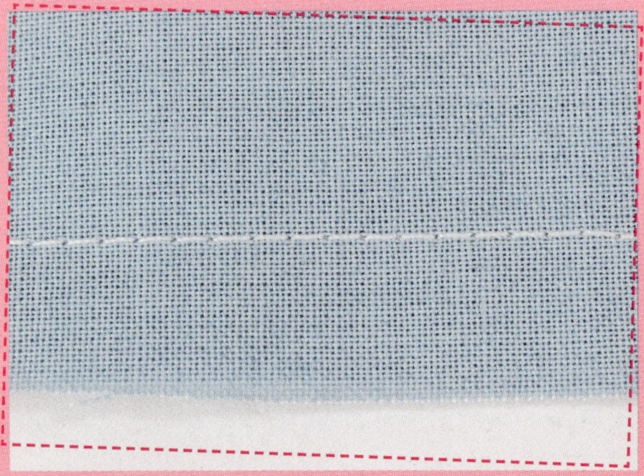

NÄHEN

Stelle zuerst den richtigen Stich für dein Projekt ein. Zum Nähen legst du den Stoff unter das Füßchen. Senke das Füßchen auf den Stoff, indem du den Füßchenhebel nach unten drückst. Dann drehst du an dem Handrad, bis die Nadel im Stoff steckt. So können die Fäden nicht in der Maschine verrutschen, wenn du anfängst zu nähen. Mit beiden Händen hältst du den Stoff fest, um zu steuern. Dabei halten deine Hände Abstand zu dem Nähfüßchen. Jetzt kannst du ganz leicht auf das Pedal treten. Lass den Stoff einmal los, dann siehst du, dass die Maschine den Stoff alleine einzieht. Du gibst nur die Richtung vor. Schneide nach jeder Naht die Fäden ab.

DIE RICHTIGE NÄHNADEL

Die Nähmaschinennadeln für nicht dehnbare Stoffe gibt es in verschiedenen Stärken, du benutzt normalerweise eine Nadel mit Spitze der Stärke 70–90 (im Foto rechts). Um Jersey zu nähen, benutzt du eine spezielle Jerseynadel (Mitte). Sie hat eine abgerundete Spitze, damit sie den Stoff nicht verletzt. Bei der Zwillingsnadel (links) sitzen zwei Nadeln mit etwas Abstand nebeneinander.

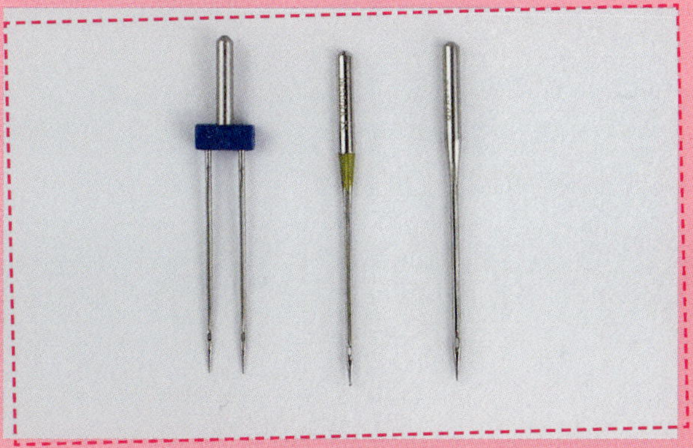

NICHT DEHNBARE STOFFE NÄHEN

Baumwollstoffe und andere nicht dehnbare Stoffe wie z. B. Frottee oder Steppstoffe nähst du mit geraden Stichen zusammen. Mit dem Zickzackstich versäuberst du Nahtzugaben (im Foto unten). Den Zickzackstich und verschiedene Zierstiche (im Foto oben) kannst du auch zum Verzieren deiner Modelle benutzen.

DEHNBARE STOFFE NÄHEN

Zum Zusammennähen von dehnbaren Stoffen wie Jersey verwendest du einen dehnbaren Stich (im Foto oben). Gut geeignet ist der dreifache Geradstich (Jerseystich). Du kannst aber auch einen flach eingestellten Zickzackstich benutzen, wenn deine Nähmaschine keinen Jerseystich hat (im Foto Mitte). Mit verschiedenen dehnbaren Zierstichen kannst du deine Modelle verschönern. Du kannst sie z. B. auch bei sichtbaren Nähten wie den Saumnähten verwenden (im Foto unten).

NÄHEN MIT DER ZWILLINGSNADEL

Bei der Zwillingsnadel werden Fäden von zwei verschiedenen Spulen durch die beiden Nadeln gefädelt. Sie verschlingen sich beim Nähen mit dem einen Unterfaden in der Nähmaschine. Du erhältst beim Nähen auf der oberen Stoffseite zwei gerade Nähte, die auf der Stoffunterseite miteinander verbunden sind. Die Naht ist dehnbar und eignet sich sehr gut, um Saumnähte von der rechten Seite aus abzusteppen.

RÜCKWÄRTS NÄHEN

Am Anfang und Ende jeder Naht nähst du jeweils drei Stiche rückwärts. So kann die Naht nicht wieder aufgehen. Man nennt das „die Naht sichern". Drücke dafür auf den entsprechenden Knopf oder Hebel an deiner Nähmaschine und tritt vorsichtig auf das Pedal.

FÜSSCHENBREIT NÄHEN

Manchmal steht in der Anleitung „füßchenbreit nähen". Dann wird das Füßchen beim Nähen genau entlang der Kante des Stoffs geführt. Das kannst du gut anwenden, wenn du 7–10 mm Nahtzugabe geschnitten hast.

KNAPPKANTIG NÄHEN

Nähe so dicht wie möglich an der Modellkante entlang. Als Hilfe kannst du mit dem Trickmarker eine Linie aufzeichnen.

ECKEN NÄHEN

Nähe bis zu dem Eckpunkt und drehe an dem Handrad, bis die Nadel im Stoff steckt. So kann der Stoff nicht verrutschen. Stelle jetzt das Füßchen hoch und richte den Stoff so aus, dass du auf der Nahtlinie weiternähen kannst. Senke das Füßchen wieder ab und nähe weiter.

RUNDUNGEN NÄHEN

Rundungen nähen sich einfacher, wenn du eine kleine Stichlänge von etwa 1,5 mm einstellst. Dann macht die Nähmaschine kleinere „Schritte" und näht langsamer. So kannst du den Stoff leichter in den Kurven steuern. Manchmal ist es nötig, den Stoff neu auszurichten. Drehe dazu mit der Hand am Rad, bis die Nadel im Stoff steckt. So kann nichts verrutschen. Hebe das Füßchen an, richte den Stoff neu aus, senke das Füßchen wieder ab und nähe weiter.

NAHTZUGABEN AUSEINANDERBÜGELN

Manche Nähte werden nach dem Nähen ausgebügelt, damit sie schön glatt sind. Dazu legst du die Naht mit den Nahtzugaben nach oben auf das Bügelbrett, drückst die Nahtzugaben mit den Fingern auseinander und bügelst über die Naht. Lass dir beim Bügeln von einem Erwachsenen helfen!

NAHTZUGABE ZURÜCK-SCHNEIDEN

Damit sich das Modell nach dem Wenden schön legt, werden bei einer Ecke die Nahtzugaben abgeschnitten. Bei spitzen Ecken mehr Zugaben wegschneiden. In den Rundungen schneidest du die Zugaben mit einer kleinen spitzen Schere senkrecht bis kurz vor die Naht ein.

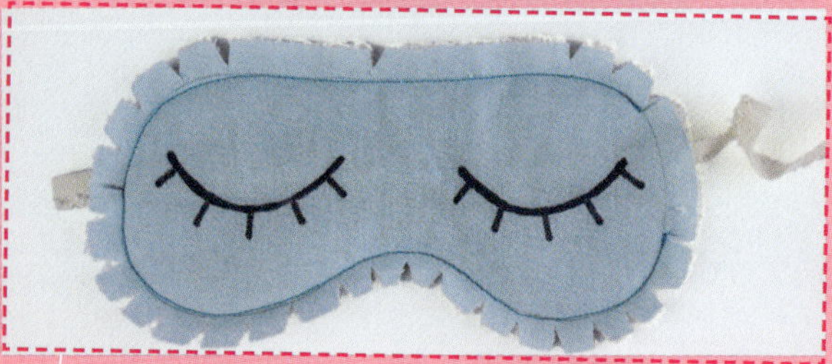

MIT WATTE FÜLLEN

Einige Modelle wie z.B. die Kuscheltiere werden mit Watte gefüllt. Du kannst die Watte mit dem stumpfen Ende eines Bleistiftes in die Modelle schieben, wenn du mit deinen Händen nicht bis in die Spitzen reichst.

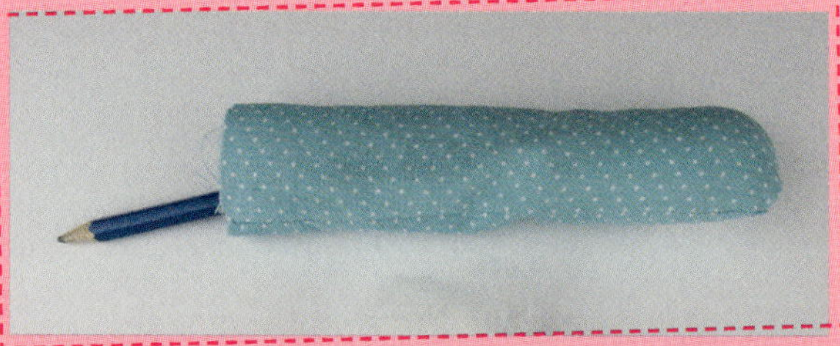

WENDEÖFFNUNG SCHLIESSEN

Wendeöffnungen kannst du knappkantig mit der Nähmaschine zunähen oder mit Handstichen schließen. Bei Modellen, die mit Watte ausgefüllt werden, benutzt du Handstiche, da du das gefüllte Modell nicht mehr unter das Nähmaschinenfüßchen schieben kannst.

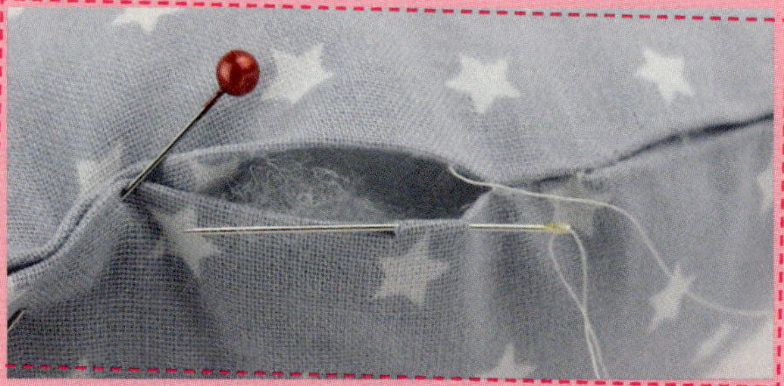

VERSÄUBERN MIT ZICKZACKSTICHEN

Mit dem Zickzackstich versäuberst du Stoffkanten und Nähte. Dabei sticht die Nadel immer einmal in den Stoff und einmal knapp daneben ein. So ist die Stoffkante vor dem Ausfransen geschützt. Du kannst den Stich auch bei Applikationen benutzen.

MATRATZENSTICH

Zum Schließen von Wendeöffnungen kannst du auch den Matratzenstich benutzen, dann ist die Naht unsichtbar. Stich an einem Ende der Öffnung durch einen Stoff aus und genau auf der gleichen Höhe in den anderen Stoff wieder ein. Arbeite weiter, indem du immer abwechselnd in die beiden Stoffe einstichst. Zum Schluss sicherst du die Naht mit einigen Rückstichen.

VORSTICH

Der Vorstich ist der einfachste Handstich. Stich von unten durch den Stoff aus und dann ca. 5 mm daneben wieder ein. Arbeite so in immer gleichen Abständen weiter. Zum Schluss sicherst du die Naht mit einigen Rückstichen.

ÜBERWENDLINGSSTICH

Mit dem Überwendlingsstich kannst du Wendeöffnungen schließen. Stich die Nadel immer wieder von der gleichen Seite durch beide Stofflagen. Zum Schluss sicherst du die Naht mit einigen Rückstichen. Dafür stichst du am Schluss einen Stich zurück und führst dann die Nadel wieder aus dem letzten Stich heraus. Wiederhole das Ganze zweimal und schneide das Fadenende ab.

DRUCKKNÖPFE ANBRINGEN

Befestige die Druckknöpfe mithilfe einer speziellen Zange an der gewünschten Stelle. Halte dich dabei an die Anleitung des Herstellers.

KNÖPFE ANNÄHEN

Fädle ca. 50 cm Nähgarn in eine Handnähnadel und lass ein Ende etwas länger herunterhängen. Verknote das längere Fadenende, damit der Faden nicht durch den Stoff rutscht. Stecke die Nadel von der linken Seite durch den Stoff und fädle den Knopf auf. Anschließend führst du die Nadel durch das zweite Loch zurück. Wiederhole den Vorgang drei- bis viermal und verknote zuletzt den Faden auf der Rückseite.

Um einen Knopf mit Öse anzunähen, stichst du die Nadel von unten durch den Stoff, fädelst sie durch die Öse und stichst sie wieder durch den Stoff zurück. Wiederhole den Vorgang mehrmals und verknote die Fadenenden am Schluss miteinander.

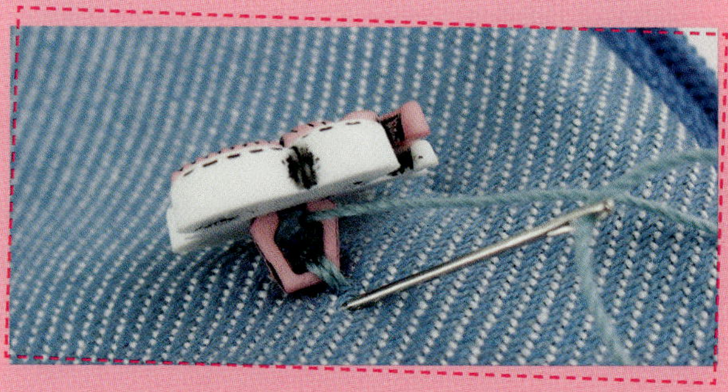

BÄNDER UND KLETTVERSCHLÜSSE AUFNÄHEN

Nähe gemusterte Bänder an beiden Rändern mit einem kleinen Zickzackstich fest, damit die Motive gut sichtbar bleiben. Achte hierbei darauf, dass die Nadel immer jeweils einmal in den Stoff, das Klettstück oder das Webband und einmal knapp daneben einsticht. Einfarbige Bänder können mittig mit einer geraden Naht oder dem Zickzackstich aufgenäht werden. Klettverschlüsse nähst du rundherum mit Zickzackstich auf.

Tipps & Tricks

– WENN'S MAL SCHIEFGEHT –

Beim Anfang der Naht wird der Stoff in die Nähmaschine gezogen?

Halte zu Beginn einfach Ober- und Unterfaden straff nach hinten gezogen fest, dann schiebt sich der Stoff schön unter dem Nähfüßchen hindurch.

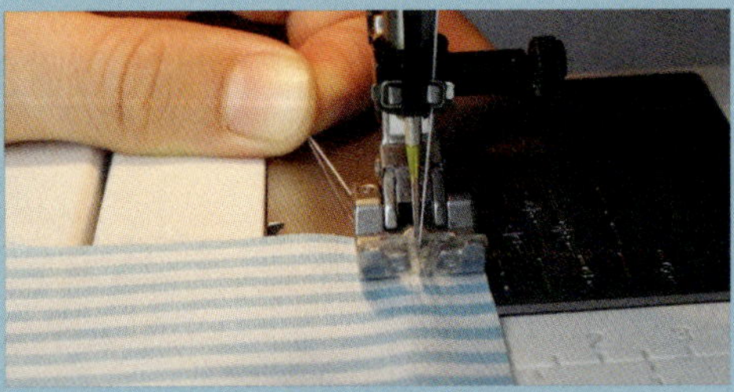

Du hast die Stoffe aus Versehen links auf links zusammengenäht? Oder du hast dich einfach vernäht?

Kein Problem, da hilft ein Nahttrenner. Schiebe die lange Spitze unter die einzelnen Stiche und zerschneide sie. So kannst du die Naht ganz einfach wieder auftrennen.

Du hast vergessen, rückwärts zu nähen?

Schiebe das Stoffstück einfach noch einmal an der entsprechenden Stelle unter das Nähmaschinenfüßchen und nähe über der alten Naht kurz noch einmal vor und zurück.

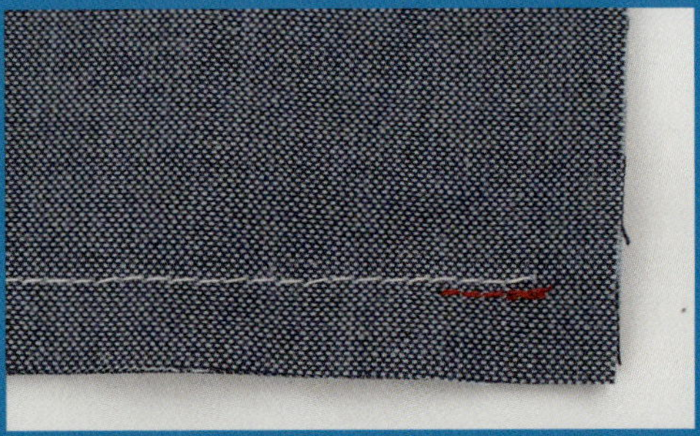

Du kannst noch nicht so gut gerade nähen, dass du die Kanten der Bänder schön triffst?

Befestige die Bänder einfach mit beidseitig klebendem Textilklebeband auf deinem Modell.

Beim Einknipsen der Nahtzugabe hast du aus Versehen bis in die Naht geschnitten?

Nähe etwas weiter innen neben der Naht die Strecke noch einmal nach. Denke auch hier an das Sichern der Naht am Anfang und Ende.

Ein Deko-Knopf löst sich am fertigen Modell und die Wendeöffnung ist bereits geschlossen?

Befestige den Knopf einfach mit einem Tropfen Klebstoff.

Beim Nähen mit Nadel und Faden rutscht dir immer wieder der Faden aus der Nadel heraus?

Befestige ihn einfach mit einem doppelten Knoten an der Nadel.

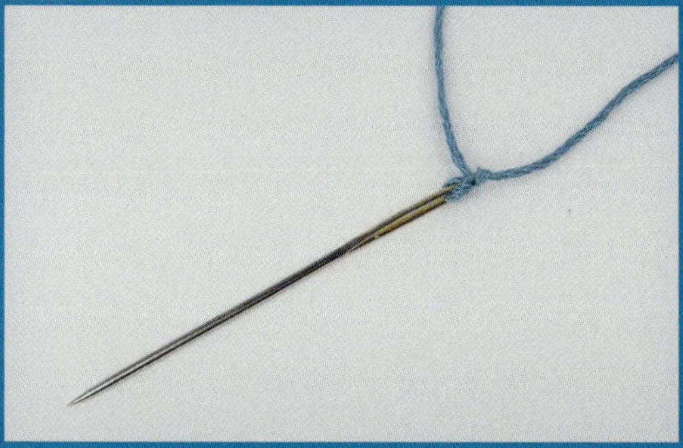

Dein Modell ist bereits fertig mit Watte gefüllt und an einer Stelle geht die Naht auf?

Du kannst die Naht einfach von außen mit Überwendlings- oder Matratzenstichen schließen.

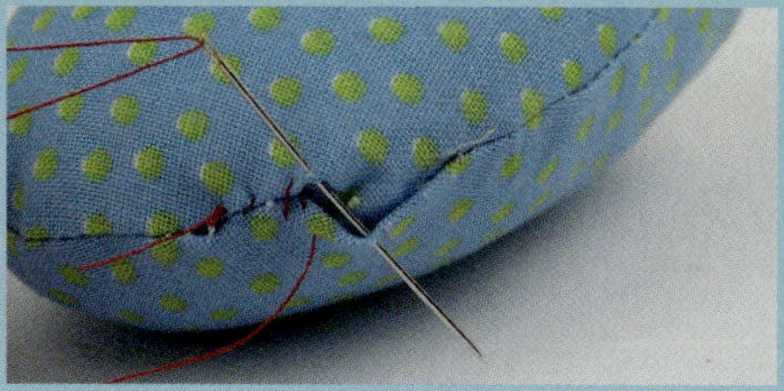

CHECK DEIN NÄHWISSEN

Du willst einfach mal sehen, wie gut du dich im Nähen auskennst? Dann teste dein Wissen mit 16 Fragen zu den wichtigsten Nähtechniken! Die Lösungen findest du auf Seite 176, die Auswertung am Ende des Quiz.

1 Wie nennt man die „schöne" Seite eines Stoffs?

A Linke Stoffseite
B Obere Stoffseite
C Rechte Stoffseite

2 Für ein Modell, das du nähen möchtest, brauchst du Schnittmuster. Wie kommst du an die Vorlagen heran?

A Du schneidest die Schnittmuster direkt aus dem Schnittmusterbogen aus.
B Du legst dünnes Papier auf den Schnittmusterbogen und paust die Schnittmuster ab.
C Du brauchst die Schnittmuster nicht abzupausen, sondern legst direkt den Stoff auf den Schnittmusterbogen.

3 Du möchtest die Stoffteile für ein Modell zuschneiden. Du legst die Schnittmuster so auf den Stoff, dass der Fadenlauf ...

A ... parallel zur Webkante verläuft.
B ... senkrecht zur Webkante verläuft.
C ... diagonal verläuft.

4 Woran musst du denken, wenn du ein Schnittmuster auf den Stoff übertragen möchtest? (Mehrere Antworten möglich)

A Du steckst das Schnittmuster mit Stecknadeln fest, damit es nicht verrutscht.
B Du darfst das Schnittmuster auf keinen Fall mit einem Kreidestift umranden.
C Du überträgst Markierungen wie zum Beispiel die Zeichen für die Wendeöffnung vom Schnittmuster auf die Stoffteile.

5 **Du sollst ein Stoffteil im Stoffbruch zuschneiden. Was tust du?**

A Du faltest den Stoff zur Hälfte und legst das Schnittmuster mit der Markierung „Stoffbruch" an der Faltlinie an.
B Du legst den Stoff doppelt und legst das Schnittmuster bündig an einer beliebigen Stoffkante an.
C Du faltest das Schnittmuster zur Hälfte und legst es mit dem Fadenlauf parallel zur Webkante des Stoffs an.

6 **Den Stoffrand zwischen Naht und Schnittkante nennt man Nahtzugabe. Wozu dient sie?**

A Sie sorgt dafür, dass der Stoff sich nach dem Nähen nicht zusammenzieht.
B Sie verhindert, dass die Naht später wieder aufgeht.
C Sie dient nur zur Verzierung und hat keinen praktischen Nutzen.

7 **Wie verhinderst du, dass eine Naht nach dem Nähen wieder aufgeht?**

A Du gibst einige Tropfen Textilkleber auf Anfang und Ende der Naht.
B Du nähst am Anfang und am Ende der Naht einige Stiche rückwärts.
C Einmal genähte Nähte gehen nicht wieder auf.

8 **Stofflagen mit Stecknadeln fixieren, bedeutet ...**

A ... Stecknadeln in die Stofflagen zu schieben, damit die Stoffe beim Nähen nicht verrutschen.
B ... die Stofflagen beim Zuschneiden mit Stecknadeln auf der Arbeitsplatte zu befestigen.
C ... die Nähnadel beim Nähen von Ecken im Stoff stecken zu lassen.

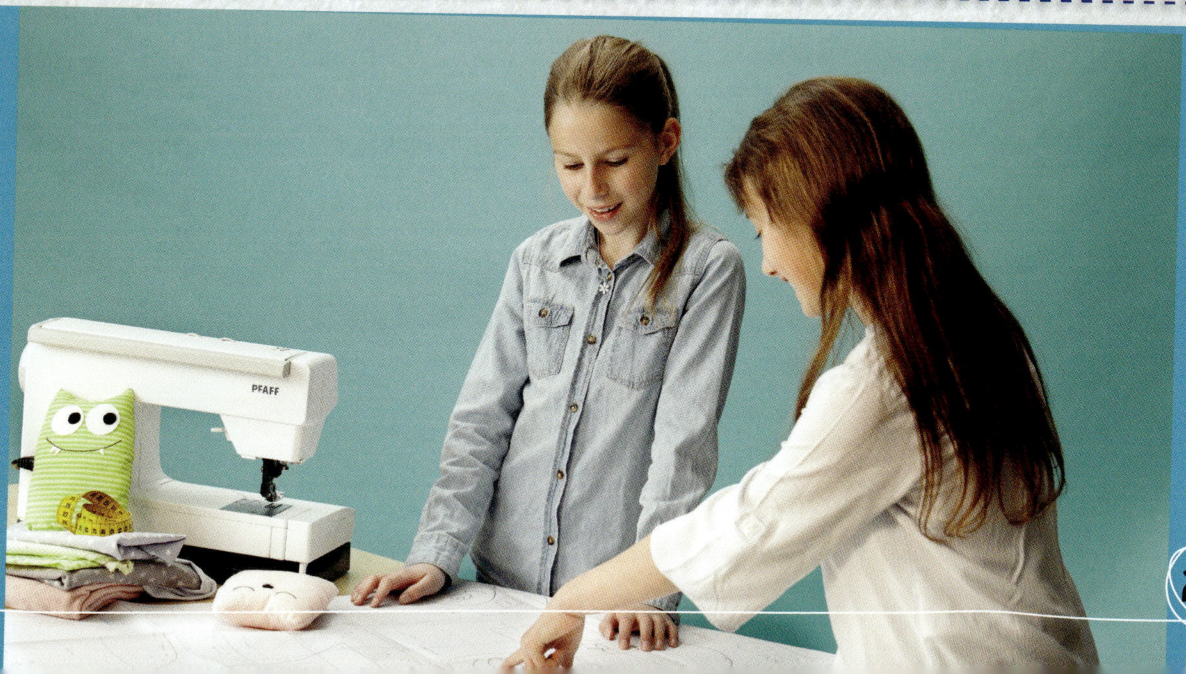

9 **Du willst zwei Stoffteile füßchenbreit zusammennähen. Wo führst du die rechte Kante des Füßchens beim Nähen entlang?**

A An der Nahtlinie.
B Am Fadenlauf.
C An der Stoffkante.

10 **Wie schützt man Stoffkanten vor dem Ausfransen?**

A Indem man sie mit Zickzackstich versäubert.
B Indem man am Anfang und Ende der Naht einige Stiche rückwärts näht.
C Indem man die Nahtzugabe auf 5 mm zurückschneidet.

11 **Was musst du zusätzlich zur Stichlänge für den Zickzackstich an der Nähmaschine einstellen?**

A Die Stichhöhe.
B Die Stichbreite.
C Die Stichweite.

12 **Beim knappkantig Nähen nähst du ...**

A ... mit 1,5 cm Abstand zur Stoffkante.
B ... füßchenbreit an der Stoffkante entlang.
C ... so dicht wie möglich an der Stoffkante entlang.

13 **Du willst eine eckige Naht nähen. Wie lautet die richtige Reihenfolge, wenn du an der Ecke angekommen bist?**

A Du stellst das Füßchen hoch, drehst mit dem Handrad die Nadel in den Stoff, richtest den Stoff neu aus und senkst das Füßchen wieder ab.
B Du drehst mit dem Handrad die Nadel in den Stoff, stellst das Füßchen hoch, richtest den Stoff neu aus und senkst das Füßchen wieder ab.
C Du richtest den Stoff neu aus, stellst das Füßchen hoch, drehst mit dem Handrad die Nadel in den Stoff und senkst das Füßchen wieder ab.

14 **Wie lassen sich Rundungen am besten nähen?**

A Mit Zickzackstich.
B Mit einer großen Stichlänge.
C Mit einer kleinen Stichlänge.

15 **Was machst du, damit sich dein Modell nach dem Wenden an der Naht schön legt? (Mehrere Antworten möglich)**

A Du knipst die Nahtzugaben an Rundungen bis kurz vor die Naht ein.
B Du schneidest die Nahtzugabe an den Ecken schräg ab.
C Du verzichtest auf das Versäubern der Naht.

16 **Worauf kannst du beim Nähen von Jersey verzichten?**

A Du musst am Anfang und am Ende der Naht nicht rückwärts nähen.
B Du musst die Stofflagen vor dem Nähen nicht mit Stecknadeln fixieren, da Jersey nicht verrutscht.
C Du musst die Nahtzugaben nicht versäubern, da Jersey nicht ausfranst.

AUSWERTUNG

14–16 richtige Antworten
Beim Nähen kann man dir nichts vormachen! Du kennst dich super aus und kannst gleich richtig mit allen Modellen loslegen!

8–13 richtige Antworten
Du bist wahrlich kein Anfänger mehr an der Nähmaschine! Schlag die Antworten, die du nicht richtig hattest, noch mal nach, damit du später beim Nähen der Modelle alles gut kannst.

0–7 richtige Antworten
Du hast noch nicht so viel Erfahrung beim Nähen oder bist vielleicht etwas außer Übung. Lies dir die Grundanleitung noch mal durch und beginne mit den Modellen mit Schwierigkeitsgrad 1.

Klebe hier ein Foto von dir in deinem Lieblingsoutfit ein!

Mein Style

– MEINE MASSE, MEINE FARBEN, MEINE LIEBLINGSTEILE –

Brustumfang: .... cm

Taillenumfang: .... cm

Hüftumfang: .... cm

Trage hier deine Maße ein!

Gemessen am: .... (Datum)

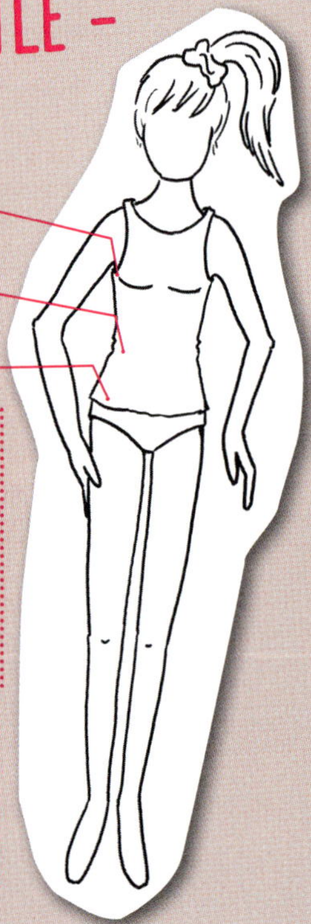

ICH TRAGE AM LIEBSTEN:

Zutreffendes bitte ankreuzen!
Du kannst auch mehrere Kreuzchen setzen.

☐ T-Shirts ☐ Pullis ☐ Kleider ☐ Röcke ☐ Jeans

☐ kurze Hosen ☐ ____________ ☐ ____________

ICH MAG ES VOR ALLEM:

☐ bequem ☐ elegant ☐ ausgfallen

☐ modisch ☐ sportlich ☐ bunt

☐ ____________ ☐ ____________

DIESE FARBEN GEFALLEN MIR AM BESTEN:

T-Shirts in deinen Lieblingsfarben anmalen!

DIESE FARBKOMBIS FINDE ICH SUPER:

Looks in deinen Lieblings-Farbkombis anmalen!

LOOK 1

LOOK 2

LOOK 3

ICH LIEBE DIESE ACCESSOIRES:

Zutreffendes bitte ankreuzen!
Du kannst auch mehrere Kreuzchen setzen.

☐ Sonnenbrillen ☐ Rucksäcke ☐ Taschen ☐ Mützen

☐ Handschuhe ☐ Schals ☐ Halstücher ☐ Stulpen

☐ ____________________ ☐ ____________________

In peppigem Patchwork

- SCHLÜSSELBAND -

MATERIAL

★☆☆

Baumwollstoffreste in vier verschiedenen Farben und Mustern ★ farblich passendes Nähgarn ★ Sicherheitsnadel ★ Schlüsselring, ø 2,5 cm

ZUSCHNEIDEN

Die Stoffmaße enthalten bereits 1 cm Nahtzugabe, schneide die Rechtecke daher ohne Nahtzugabe zu.

Baumwollstoff:
4x Rechteck, 6 cm x 8 cm

Lege zwei Rechtecke rechts auf rechts aufeinander, fixiere sie mit Stecknadeln und nähe sie jeweils an einer schmalen Kante mit geradem Stich (Stichlänge 2,5 mm) füßchenbreit zusammen.

Falte die Stoffe auseinander und nähe das nächste Rechteck wie in Schritt 1 an eine schmale Kante. Wiederhole den Schritt mit dem vierten Stoffteil, sodass ein langer Streifen entsteht.

Falte den Streifen mittig rechts auf rechts und fixiere die Lagen mit Stecknadeln. Nähe den Streifen entlang der langen Kante füßchenbreit zusammen. Befestige an einem Ende eine Sicherheitsnadel in der Nahtzugabe.

TIPP

Wenn du ein langes Schlüsselband nähen möchtest, das du dir um den Hals hängen kannst, nähst du in Schritt 2 einfach zehn Stoffrechtecke aneinander.

Um den Streifen zu wenden, schiebst du die Sicherheitsnadel in den Stofftunnel und ziehst sie einmal ganz durch. Entferne die Sicherheitsnadel wieder.

Lege die kurzen offenen Kanten des Schlauchs aufeinander und nähe sie knappkantig zusammen. Versäubere anschließend die Nahtzugaben mit breiten Zickzackstichen (Stichlänge 3 mm, Stichbreite 4 mm).

Wende das Schlüsselband, sodass die Kante mit den versäuberten Nahtzugaben innen liegt. Nähe füßchenbreit über das zusammengenähte Ende, sodass ein kleiner Tunnel für den Schlüsselring entsteht.

Ziehe zum Schluss den Schlüsselring in den Tunnel ein.

Raglan-Shirt

- FÜR BOYS ODER GIRLS -

MATERIAL

★★★

Girls' Shirt

Jersey in Petrol-Pink-Grau gemustert, 140 cm breit, 80 cm ★ Bündchenware in Orange, 80 cm breit, 10 cm ★ farblich passendes Nähgarn

Boys' Shirt

Jersey in Hellblau meliert, 140 cm breit, 80 cm ★ Bündchenware in Grün, 80 cm breit, 10 cm ★ farblich passendes Nähgarn

Schnittmusterbogen B

ZUSCHNEIDEN

Die Schnittmuster enthalten bereits Naht- und Saumzugaben; schneide die Stoffteile daher ohne Naht- und Saumzugabe zu (Auflageplan siehe Schnittmusterbogen). Übertrage alle Markierungen auf die Stoffteile, auch die vordere und hintere Mitte im Bündchen und an den Shirt-Teilen.

Jersey
1x Vorderteil (im Stoffbruch)
1x Rückenteil (im Stoffbruch)

Bündchenware
1x vorderes Bündchen (im Stoffbruch)
1x hinteres Bündchen (im Stoffbruch)

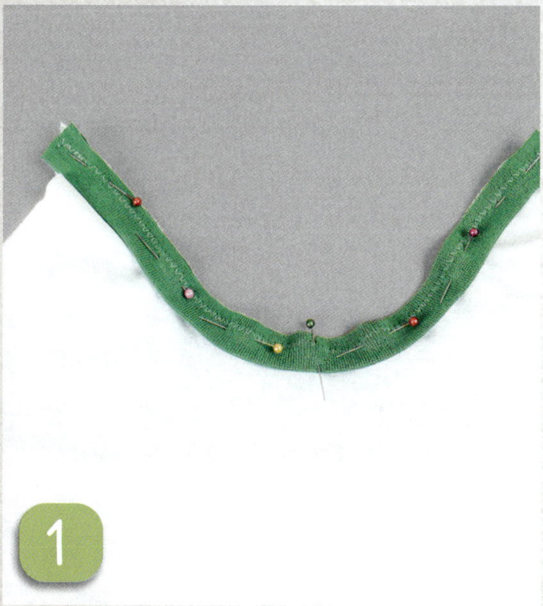

Falte das vordere Bündchen längs zur Hälfte, die rechte Stoffseite liegt außen. Lege die Kanten des Bündchens an die Kante des vorderen Halsausschnitts. Achte darauf, dass die Markierungen der vorderen Mitte jeweils aufeinandertreffen. Fixiere das Bündchen am Anfang, an der vorderen Mitte und am Ende mit Stecknadeln an der Kante. Anschließend dehnst du es so, dass es an den Halsausschnitt passt, und fixierst es in den Zwischenräumen mit Stecknadeln. Das geht am besten zu zweit. Nähe das Bündchen füßchenbreit mit Zickzackstichen (Stichlänge und Stichbreite 2,5 mm) fest, dabei ist der äußere Einstich der Nadel bei 1 cm und entspricht damit der Nahtzugabe. Bügle die Nahtzugaben nach unten ins Vorderteil.

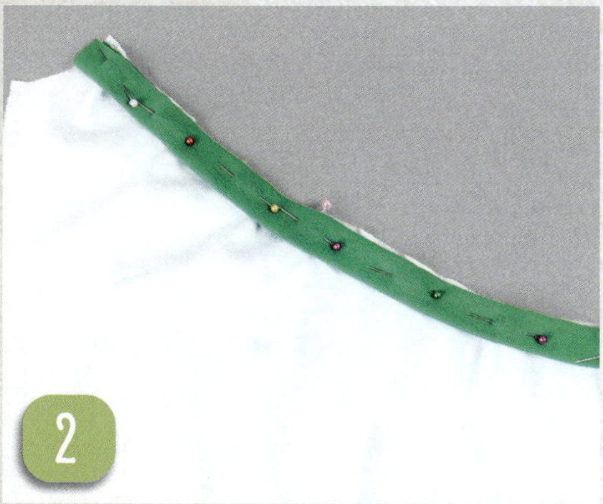

Falte das hintere Bündchen längs zur Hälfte, die rechte Stoffseite liegt außen. Lege die Kanten des Bündchens an die Oberkante des Rückenteils, dabei treffen die Markierungen der hinteren Mitte sowie die Einsatzmarkierungen aufeinander. Nähe das Bündchen wie in Schritt 1 beschrieben an.

Lege das Rückenteil mit der rechten Stoffseite nach oben und klappe die angeschnittenen Ärmel auf beiden Seiten wie im Foto rechts gezeigt nach vorn auf das Rückenteil. An diese umgeklappten Kanten wird das Vorderteil genäht.

Lege das Vorderteil rechts auf rechts auf das Rückenteil und fixiere es oben ab der Einsatzmarkierung bis unten zum Achselpunkt mit Stecknadeln an den umgeklappten Kanten. Nähe das Vorderteil mit Zickzackstichen füßchenbreit an das Rückenteil. Bügle die Nahtzugaben nach unten.

Lege Vorderteil und Rückenteil rechts auf rechts. Fixiere die Stofflagen an den Seitenkanten mit Stecknadeln und schließe die Seitennähte füßchenbreit mit Zickzackstichen. Bügle die Nahtzugaben nach hinten.

Schlage den Saum unten und die Ärmelsäume jeweils 2 cm auf links und fixiere die Umschläge mit Stecknadeln. Nähe die Säume mit Zickzackstichen knappkantig an.

Immer sportlich unterwegs

- TURNBEUTEL -

MATERIAL

★★☆

Baumwollstoff in Hellrot, 140 m breit, 45 cm ★ Baumwollstoff in Grau mit weißen Sternen, 35 cm x 40 cm ★ Band in Blau-Pink gestreift, 1 cm breit, 16 cm lang ★ Kordel in Weiß, ø 8 mm, 3 m lang ★ farblich passendes Nähgarn ★ große Sicherheitsnadel

ZUSCHNEIDEN

Die Stoffmaße enthalten bereits 1 cm Nahtzugabe, schneide die Schnittteile daher ohne Nahtzugabe zu.

Baumwollstoff in Hellrot:
2x Rechteck, 40 cm x 35 cm
2x Rechteck, 27 cm x 35 cm

Baumwollstoff in Grau mit weißen Sternen:
2x Rechteck, 15 cm x 35 cm

Band in Blau-Pink gestreift:
2x 8 cm

Kordel in Weiß:
2x 1,50 m

An die Maschine, fertig, los!

Lege ein grau-weißes Stoffteil mit der 35 cm langen Kante rechts auf rechts bündig auf ein kleines hellrotes Stoffteil (27 cm x 35 cm). Fixiere die Lagen mit Stecknadeln und nähe sie füßchenbreit zusammen. Wiederhole den Schritt mit dem jeweils anderen grau-weißen und hellroten Teil.

Stecke ein zusammengesetztes Stoffteil rechts auf rechts auf eines der großen hellroten Stoffrechtecke (40 cm x 35 cm). Nähe die Stoffteile an der 35 cm langen Kante zusammen, an der die hellroten Stoffe aufeinandertreffen. Wiederhole den Schritt jeweils mit den anderen beiden Stoffrechtecken.

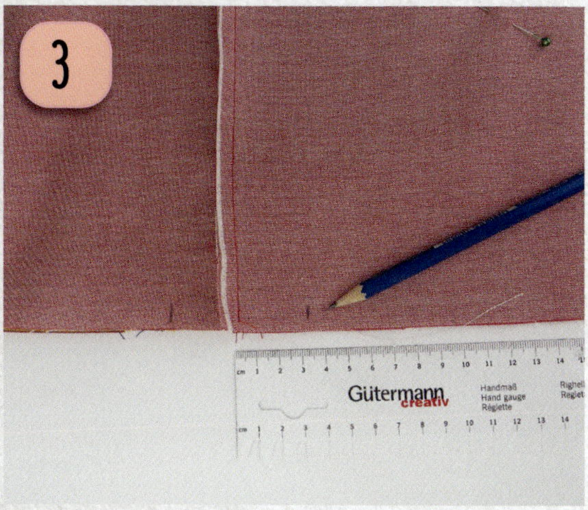

Falte die Stoffe auseinander und lege die zusammengenähten Teile so rechts auf rechts, dass immer gleiche Stoffe aufeinanderliegen. Stecke die Lagen mit einigen Stecknadeln fest. Zeichne mit einem Bleistift jeweils 4 cm links und rechts der Naht zwischen den hellroten Stoffen an einer Längsseite eine Markierung ein. Hier befinden sich später die Öffnungen für den Tunnelzug. An der Schmalseite des größeren hellroten Stoffrechtecks markierst du eine 10 cm große Wendeöffnung.

Falte die Bandstücke mittig links auf links und lege sie, mit den Schlaufen nach innen zeigend, mit 3 cm Abstand zur unteren Kante auf beiden Seiten des Beutels zwischen die Stofflagen des grauweißen Außenstoffs. Fixiere die Schlaufen mit Stecknadeln.

Nähe die Stoffteile rundherum zusammen, lass dabei die Aussparungen für die Tunnelzüge und die Wendeöffnung aus.

Schneide die Nahtzugaben an den genähten Ecken bis kurz vor die Naht zurück und wende den Beutel durch die Wendeöffnung. Schiebe die Nahtzugaben an der Wendeöffnung nach innen und steppe sie knappkantig zu. Schiebe zum Schluss den Innenbeutel in den Außenbeutel hinein.

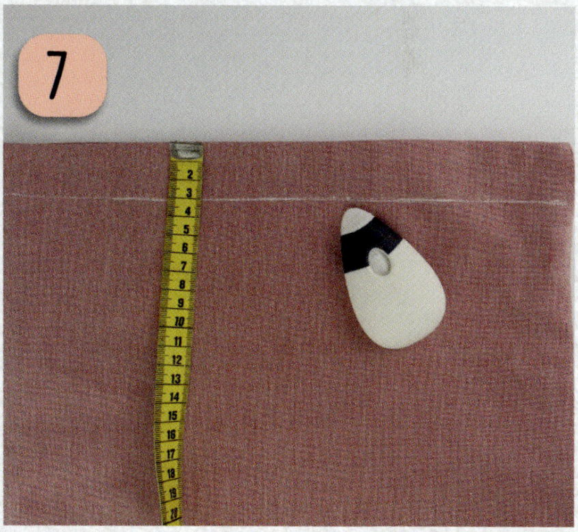

Für den Tunnelzug markierst du mit Schneiderkreide oder einem Trickmarker rundherum eine Linie mit 3 cm Abstand vom oberen Rand. Danach nähst du Außen- und Innenbeutel entlang der markierten Linie zusammen.

Fast geschafft!

Befestige die Sicherheitsnadel an einem Ende eines Kordelstücks. Ziehe die Kordel mithilfe der Sicherheitsnadel durch einen Tunnel. Anschließend führst du sie durch den zweiten Tunnel wieder zurück. Wiederhole den Schritt mit der zweiten Kordel, aber beginne dieses Mal auf der anderen Seite des Beutels.

Ziehe die Schlaufenenden jeweils durch eine Schlaufe am Boden des Beutels und verknote sie.

Yeah, dein Projekt ist fertig!

TIPP

Turnbeutel eignen sich auch gut als Aufbewahrungsbeutel in deinem Zimmer. Einfach etwas einräumen und an einen Wandhaken hängen.

Patchwork-Herz

- MIT TÄSCHCHEN FÜR LIEBE GRÜSSE -

MATERIAL

★★☆

Baumwollstoff in Blau, 15 cm x 45 cm ★ Baumwollstoff in Rot-Weiß gestreift, 30 cm x 65 cm ★ Füllwatte ★ farblich passendes Nähgarn

Schnittmusterbogen B

ZUSCHNEIDEN

Die Maße für die Rechtecke enthalten bereits 1 cm Nahtzugabe. Das Herz schneidest du mit 1 cm Nahtzugabe aus. Übertrage alle Markierungen auf die Stoffteile.

Baumwollstoff in Blau:
1x Rechteck, 11 cm x 13 cm
1x Rechteck, 15 cm x 32 cm

Baumwollstoff in Rot-Weiß gestreift:
1x Rechteck, 30 cm x 32 cm
1x Herz

An die Nähmaschine und los!

Für die aufgesetzte Tasche bügelst du an dem kleinen blauen Stoffrechteck eine schmale Kante und die beiden langen Kanten 1 cm auf links um. Lass dir dabei von einem Erwachsenen helfen. Die zweite schmale Kante bügelst du 2 cm breit auf links und nähst sie mit 1,5 cm Abstand zum Umbruch mit geradem Stich (Stichlänge 2,5 mm) fest.

Lege die Tasche mittig auf die rechte Stoffseite des rot-weißen Herzens, fixiere sie mit Stecknadeln und nähe sie an den Seiten und am Boden mit geradem Stich (Stichlänge 2,5 mm) knappkantig fest.

Für die Patchworkseite legst du das große blaue Rechteck mit einer 32 cm langen Kante bündig rechts auf rechts auf das rot-weiße Rechteck. Fixiere die Stofflagen mit Stecknadeln und nähe sie an der Kante zusammen.

Falte die Stoffe auseinander. Übertrage das Herz mithilfe des Schnittmusters auf die linke Stoffseite, die Markierungslinie liegt dabei genau auf der Naht zwischen den Stoffen. Schneide das Herz mit 1 cm Nahtzugabe aus.

Lege beide Herzen rechts auf rechts, fixiere sie mit Stecknadeln und nähe sie rundherum zusammen, lass dabei die Wendeöffnung aus.

Knipse die Nahtzugaben an den Rundungen sowie oben an der genähten Ecke zwischen den Rundungen ein und schneide sie an der Spitze bis kurz vor die Naht zurück, damit sich der Stoff nach dem Wenden schön legt.

Wende das Herz durch die Wendeöffnung und fülle es mit Watte. Schiebe die Nahtzugaben an der Wendeöffnung nach innen und nähe die Öffnung mit Überwendlingsstichen zu.

HERZ MIT AUFGENÄHTEM BAND

Willst du das Herz noch mit einem schönen Band verzieren? Schneide ein 30 cm langes Baumwollband zurecht und nähe es nach Schritt 4 entlang der Naht auf die rechte Stoffseite des Patchwork-Herzteils.

Super,
du kannst schon
Bänder mittig
aufnähen und
Wendeöffnungen
knappkantig
schließen!

Wendeponcho

- GESCHÜTZT BEI WIND UND WETTER -

MATERIAL

★★☆

Außenstoff: Steppstoff in Grau, 140 cm breit, 1,30 m (Größe 122–128), 1,60 m (Größe 134–158) ★ Innenstoff: mittelschwerer Baumwollstoff in Bunt kariert, 140 cm breit, 1,30 m (Größe 122–128), 1,60 m (Größe 134–152) ★ leichte Bügeleinlage (z. B. Vlieseline® H 200), 12 cm x 58 cm ★ 4 Druckknöpfe ★ farblich passendes Nähgarn ★ Ahle ★ Variozange und passende Einsätze

Schnittmusterbogen C

ZUSCHNEIDEN

Klebe vor dem Zuschneiden das obere und das untere Papierschnittmuster des Vorder- und Rückenteils zusammen. Die Schnittmuster enthalten bereits Naht- und Saumzugaben; schneide die Stoffteile daher ohne Naht- und Saumzugabe zu (Auflageplan siehe Schnittmusterbogen). Übertrage alle Markierungen auf die Stoffteile. Zeichne am Halsausschnitt und an der Kapuze die hintere Mitte ein. Anschließend schneidest du am Vorderteil entlang der vorderen Mitte den Stoffbruch vom Halsausschnitt bis zur Unterkante auf; in der hinteren Mitte bleibt der Bruch geschlossen.

Außenstoff
1x Vorder- und Rückenteil (im Stoffbruch)
2x Kapuze

Innenstoff
1x Vorder- und Rückenteil (im Stoffbruch)
2x Kapuze

Bügeleinlage
4x Streifen, 3 cm x 58 cm

Lege die Kapuzenteile aus dem Innenstoff rechts auf rechts und fixiere die Kapuzennaht mit Stecknadeln. Nähe die Kapuzenteile mit 1 cm Nahtzugabe und geradem Stich (Stichlänge 3 mm) zusammen. Bügle die Nahtzugaben auseinander. Wiederhole den Schritt mit den Kapuzenteilen aus dem Außenstoff.

TIPP

Wenn du als Innenstoff einen karierten oder gestreiften Stoff verwendest, kannst du die Kapuzenteile im schrägen Fadenlauf zuschneiden (siehe Foto Schritt 1).

Wende die Außenkapuze auf rechts und schiebe sie rechts auf rechts in die Innenkapuze. Fixiere die Teile an der Vorderkante mit Stecknadeln und nähe sie mit 1 cm Nahtzugabe zusammen. Bügle die Nahtzugaben auseinander.

Wende die Kapuze auf rechts. Fixiere die Vorder- und die Unterkante mit Stecknadeln. Beide Kanten steppst du füßchenbreit ab.

Bügle die Streifen aus Bügeleinlage mithilfe eines Erwachsenen jeweils auf die linke Stoffseite an der vorderen Kante (aufgeschnittene vordere Mitte) von Außen- und Innenstoff. Die Einlage musst du ggf. je nach Größe kürzen, sodass sie nicht übersteht.

Lege den Außenstoff mit der linken Stoffseite nach oben. Die Markierungen für die Falten im hinteren Halsausschnitt legst du aufeinander und nähst sie 3 cm in Richtung Ponchounterkante ab. Bügle die Falten zueinander. Wiederhole den Schritt am Innenstoffteil.

Fixiere die Kapuze mit Stecknadeln rechts auf rechts am Halsausschnitt des Außenstoffteils, dabei ist die Kapuze an den vorderen Kanten jeweils 1 cm nach innen versetzt. Nähe die Kapuze mit 1 cm Nahtzugabe an.

Lege den Innenponcho rechts auf rechts auf den Außenponcho. Fixiere die Stofflagen an den vorderen Kanten, dem Halsausschnitt und dem Saum mit Stecknadeln. Achte darauf, dass die Markierungen aufeinandertreffen. Nähe die Stofflagen an den fixierten Kanten füßchenbreit zusammen, lass dabei an einer vorderen Kante eine 15 cm lange Wendeöffnung.

Schneide die Nahtzugaben an den Ecken der vorderen Kante im Saum und an der Kapuze zurück, am Halsausschnitt schneidest du sie etwas ein, damit der Stoff nicht zieht. Wende den Poncho auf rechts und bügle die Naht sorgfältig auf Kante. Fixiere die vorderen Kanten mit Stecknadeln, besonders gut im Bereich der Wendeöffnung, und steppe die Naht von der Kapuze bis zum Saum füßchenbreit ab.

Zeichne auf beiden Vorderteilen die Positionen für die Druckknöpfe an: Die Knöpfe sind jeweils 1,5 cm von der vorderen Kante entfernt. Du beginnst oben und setzt die Markierung für den ersten Knopf 2 cm unterhalb der Kapuze, die weiteren Knöpfe sitzen jeweils mit 8 cm Abstand nach unten.

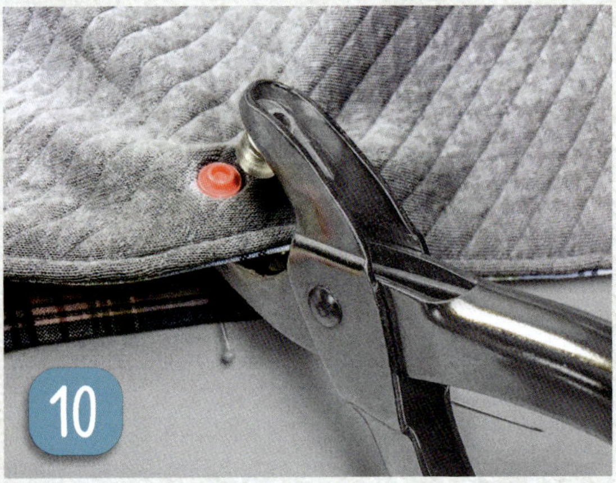

Bohre an den Markierungen jeweils ein kleines Loch mit der Ahle oder einem kleinen Nagel. Den unteren Teil des Druckknopfes bringst du mit der Variozange und den passenden Einsätzen auf der linken Vorderteilseite an. Dabei liegt die glatte Seite des Druckknopfes unten auf der Karoseite und das Verschlussteil mit Knubbel zeigt nach oben.

Das obere Druckknopfteil bringst du gegengleich mit der Variozange auf der rechten Vorderteilseite an: Das glatte Knopfteil liegt auf der grauen Stoffseite und der Verschlussring auf der Karoseite.

Schmückt dein Zimmer nicht nur an Weihnachten

– STERN-GIRLANDE –

MATERIAL

★★★

5 verschiedene Baumwollstoffe in Weiß, Grau, Rot und Grün gemustert, jeweils 15 cm x 35 cm ★ Füllwatte ★ Kordel in Weiß, ø 5 mm, 120 cm lang ★ farblich passendes Nähgarn

Schnittmusterbogen B

ZUSCHNEIDEN

Die Sterne werden in Schritt 1–2 zugeschnitten.

Falte den Stoff mittig rechts auf rechts. Lege das Schnittmuster für den Stern auf den Stoff und fixiere es mit Stecknadeln. Umrande das Schnittmuster mit weichem Bleistift. Übertrage auch die Markierung für die Wendeöffnung auf den Stoff. Entferne das Schnittmuster und nähe den Stern rundherum auf der eingezeichneten Linie mit geradem Stich (Stichlänge 2,5 mm) zusammen, lass dabei die Wendeöffnung aus. Wiederhole den Schritt für die restlichen Sterne. Schneide die Sterne mit 1 cm Nahtzugabe aus.

An den Spitzen schneidest du die Nahtzugaben schmal ab. Knipse die Nahtzugaben auch in der Mitte zwischen zwei Spitzen bis kurz vor die Naht ein, damit sich der Stoff nach dem Wenden schön legt. Wende die Sterne. Drücke jede einzelne

Spitze von innen mit dem stumpfen Ende eines Bleistifts schön heraus. Wenn du möchtest, kannst du die Spitze auch noch mithilfe einer Stecknadel herauszupfen.

Fülle die Sterne mit Watte. Nimm zuerst immer nur sehr kleine Wattestückchen und schiebe sie bis in die Spitzen der Sterne. Fülle dann erst alle Spitzen fertig aus, bevor du Watte in den mittleren Teil schiebst.

Lege die Nahtzugaben an der Wendeöffnung nach innen und schließe die Öffnung mit Matratzenstichen.

Lege die Sterne locker verteilt in der gewünschten Reihenfolge auf die Kordel.

Nähe die Sterne anschließend auf der Rückseite mit zwei einzelnen Vorstichen an der Kordel fest. Verknote zum Schluss Anfangs- und Endfaden miteinander.

TIPP

Die Stern-Girlande eignet sich nicht nur als Weihnachtsdekoration. In deinen Lieblingsfarben genäht kannst du sie das ganze Jahr über als Zimmer- oder Fensterschmuck einsetzen.

Lässige Beanie

– AUS ALTEN T-SHIRTS GENÄHT –

MATERIAL

★☆☆

Größe
50–52 cm / 53–55 cm / 56–58 cm / 59–61 cm Kopfumfang

Material
1–2 alte T-Shirts ★
farblich passendes Nähgarn

Schnittmusterbogen A

TIPP

Besonders gut sieht es aus, wenn das T-Shirt auf der Vorderseite einen coolen Print hat, der dann auf der Vorderseite der Beanie erscheint.

1

Schneide das Beanie-Teil viermal mit 7 mm Nahtzugabe aus deinem T-Shirt zu. Lege den Schnitt dabei so auf, dass du besonders schöne Stoffausschnitte bekommst. Du kannst auch jedes Teil aus verschiedenen T-Shirts ausschneiden, um einen Muster- oder Materialmix zu erhalten.

2

Lege zwei Beanie-Teile rechts auf rechts und fixiere sie mit Stecknadeln. Nähe sie an einer langen Seite füßchenbreit zusammen. Wiederhole den Schritt mit den beiden anderen Teilen.

3

Falte die Stoffe auseinander und lege die zusammengesetzten Teile rechts auf rechts. Fixiere sie mit Stecknadeln und nähe sie an den Seiten und an der offenen Rundung in einem Zug zusammen.

4

Schlage den Saum 4 cm weit auf die linke Stoffseite um und bügle ihn mithilfe eines Erwachsenen. Nähe ihn anschließend mit Jerseystichen oder einem Zierstich knappkantig von rechts fest. Als Markierung beim Nähen kannst du mit 3 cm Abstand zur Füßchenmitte ein Stück Klebeband an der Nähmaschine befestigen.

CORP.
DEALERS

Strandtuch-Tasche

– SCHNELL GEFALTET UND SUPERBEQUEM –

MATERIAL

★★☆

Frottee-Handtuch in Creme, 70 cm x 140 cm ★ Baumwollstoff in Orange-Weiß gemustert, 140 cm breit, 60 cm ★ Baumwollstoff in Creme, 30 cm x 70 cm ★ Füllwatte ★ farblich passendes Nähgarn

ZUSCHNEIDEN

Die Maße enthalten 1 cm Nahtzugabe.

Baumwollstoff in Orange gemustert
2x Träger, 10 cm x 90 cm
1x Kopfkissentasche, 73 cm x 35 cm (fertige Höhe 28 cm)

Baumwollstoff in Creme
2x Kissenteil, 27 cm x 32 cm

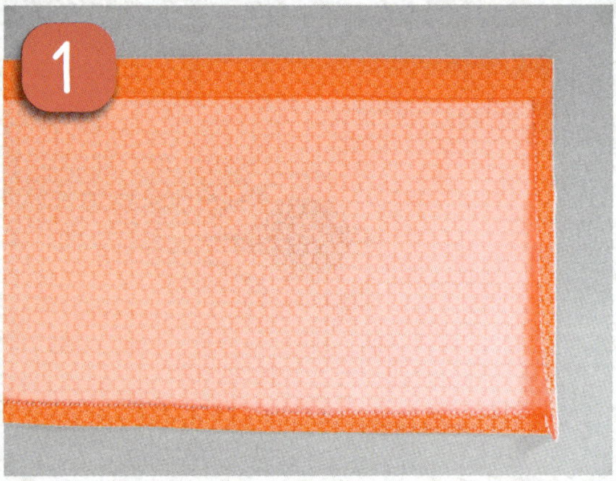

Versäubere die Kopfkissentasche rundherum mit Zickzackstichen (Stichlänge 3 mm, Stichbreite 4 mm). Bügle anschließend alle Kanten 1,5 cm auf links. An einer langen Seite schlägst du den Stoff noch einmal 4 cm breit auf die linke Stoffseite; so erhältst du einen doppelt eingeschlagenen Saum. Lass dir dabei von einem Erwachsenen helfen. Steppe den Saum knappkantig ab.

Lege die Kopfkissentasche nun links auf rechts auf ein Ende des Handtuchs, die drei 1,5 cm breit eingeschlagenen Seiten liegen bündig zu den Handtuchkanten. Nähe diese drei Seiten füßchenbreit an.

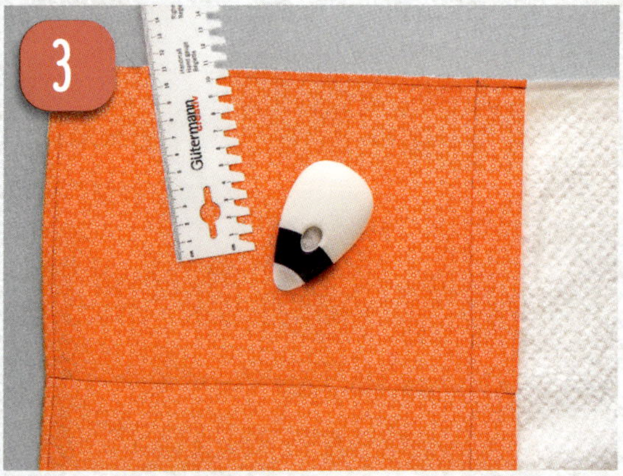

Um die Kopfkissentasche in drei Fächer zu teilen, zeichnest du mit Schneiderkreide zwei parallele Linien mit jeweils 18 cm Abstand zu den Seitenkanten ein. Nähe die Kopfkissentasche entlang der Linien am Handtuch an.

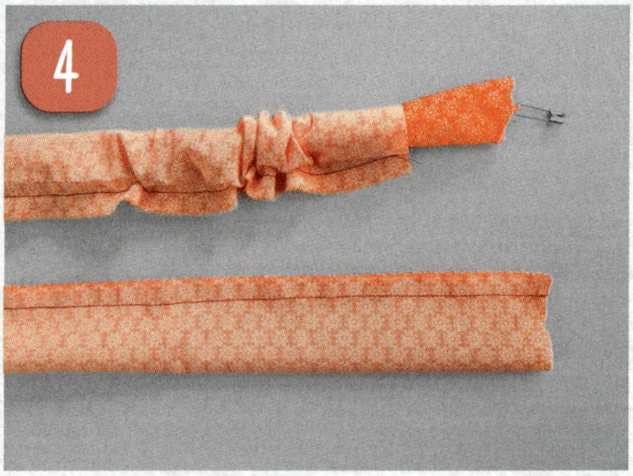

Falte die Träger der Länge nach rechts auf rechts, fixiere die Stofflagen mit Stecknadeln und nähe sie entlang der langen Kante zusammen. Befestige eine Sicherheitsnadel an einem Ende und schiebe sie anschließend durch den Stofftunnel, um die Träger zu wenden.

Falte die Nahtzugaben an den offenen Kanten der Träger 1 cm weit ins Innere der Träger. Fixiere die Enden eines Trägers an der dem Kopfkissenteil entgegengesetzten schmalen Handtuchkante mit 3 cm Abstand zum Rand.

Nähe die Träger mit Quadrat und Kreuz fest.

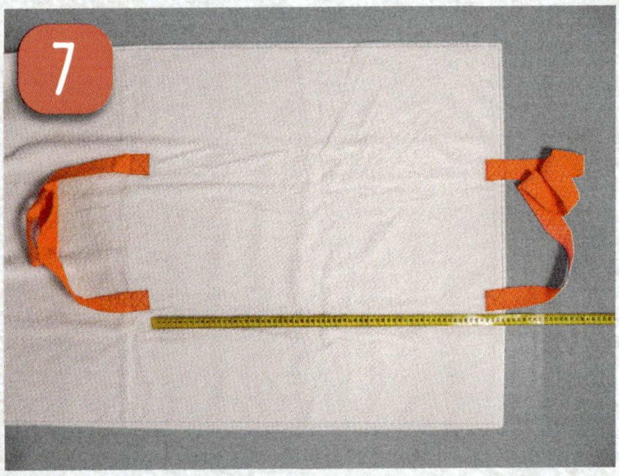

Den zweiten Träger fixierst du mit 65 cm Abstand zur unteren Handtuchkante und 21 cm Abstand zu den Seitenkanten mit Stecknadeln und nähst ihn wie in Schritt 6 beschrieben fest.

Für das Innenkissen legst du die beiden Kissenteile rechts auf rechts, fixierst die Lagen mit Stecknadeln und nähst sie rundherum zusammen, lass an einer Kante eine 10 cm lange Wendeöffnung. Schneide die Nahtzugaben an den Ecken zurück, wende das Kissen, fülle es mit Füllwatte und nähe die Wendeöffnung knappkantig zu.

DIE TASCHE FALTEN

Falte die Seiten entlang der mittleren Nähte auf der aufgenähten Kopfkissentasche nach innen.

Anschließend faltest du das untere Strandtuchende mit der Kopfkissentasche dreimal nach innen um, sodass eine rechteckige Tasche entsteht und die beiden Henkel einander gegenüberliegen.

TIPP

Das Innenkissen schiebst du am Strand in das mittlere Fach der aufgenähten Kopfkissentasche. Du kannst dort stattdessen jedoch auch einfach einen Pulli hineinschieben, um bequem zu liegen.

Für Stifte, Krimskrams & Co.

- MÄPPCHEN MIT REISSVERSCHLUSS -

MATERIAL

★★★

Baumwollstoff in Gelb-Weiß geblümt (Oberstoff), 24 cm x 24 cm ★ Baumwollstoff in Hellgelb (Futterstoff), 24 cm x 24 cm ★ dünne Vlieseinlage zum Aufbügeln (z. B. Vlieseline® H200), 24 cm x 24 cm ★ Reißverschluss in Weiß, 22 cm lang ★ Band in Hellgelb, 1 cm breit, 6 cm lang ★ farblich passendes Nähgarn

ZUSCHNEIDEN

Alle Maße enthalten bereits 1 cm Nahtzugabe, schneide die Stoffteile daher ohne Nahtzugabe zu.

Bügle die Vlieseinlage auf das Teil aus Oberstoff. Lass dir dabei von einem Erwachsenen helfen.

Lege das Teil mit der rechten Stoffseite nach oben auf die Arbeitsfläche. Den Reißverschluss legst du mit dem Zipper nach unten bündig an eine Stoffkante. Das Teil aus Futterstoff legst du rechts auf rechts darauf und fixierst den Reißverschluss und die Stofflagen mit Stecknadeln. Setze das Reißverschlussfüßchen in die Nähmaschine ein, damit du schön dicht an den Zähnchen des Reißverschlusses nähen kannst. Nähe den Reißverschluss an der Kante mit geradem Stich (Stichlänge 2,5 mm) an.

TIPP

Falls du als Oberstoff festeren Stoff wie z. B. Cord oder Jeansstoff verwendest, brauchst du ihn nicht mit Vlieseinlage zu verstärken.

Klappe die Stoffe auseinander. Falte das Band mittig zur Schlaufe und fixiere es ca. 2 cm unterhalb des Reißverschlussanfangs mit der Schlaufe nach innen zeigend auf der rechten Stoffseite des Oberstoffs. Nähe das Band mit wenigen Stichen in der Nahtzugabe an.

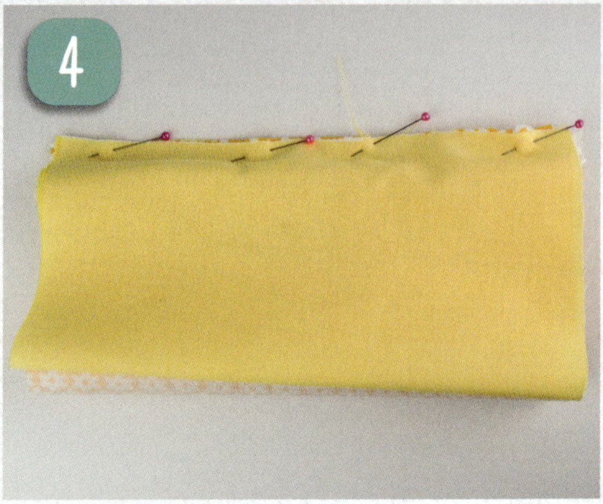

Falte die Stoffteile jeweils mittig rechts auf rechts und fixiere die noch offenen Kanten mit Stecknadeln an der zweiten Reißverschlusshälfte. Nähe den Reißverschluss an.

Falte die Stoffe am rückwärtigen Ende des Reißverschlusses rechts auf rechts wie auf dem Foto abgebildet, sodass der Reißverschluss mittig liegt. Setze nun wieder das Nähfüßchen ein und nähe alle Stofflagen füßchenbreit zusammen.

Öffne den Reißverschluss etwas, damit du die Stoffe später hindurchschieben kannst. Lege die noch offenen Kanten auf der anderen Seite des Mäppchens rechts auf rechts, sodass gleiche Stoffe aufeinanderliegen. Nähe die Stofflagen füßchenbreit mit geradem Stich zusammen, lass dabei im Futterstoff eine 6 cm lange Wendeöffnung.

Wende das Mäppchen durch die Wendeöffnung. Lege die Nahtzugaben an der Wendeöffnung nach innen und nähe die Öffnung knappkantig zu.

Schiebe zum Schluss den Innenstoff in die Außentasche.

Komm in die Puschen!

- FILZPANTOFFELN -

MATERIAL

Lila-graue Pantoffeln ★★☆

Filz in Grau, 3–4 mm stark, 30 cm x 30 cm ★ Baumwollstoff in Lila-Rosa gepunktet, 20 cm x 80 cm ★ dünnes Volumenvlies (Vlieseline® 280), 20 cm x 40 cm ★ 2 Knöpfe in Grün, ø 1,5 cm ★ farblich passendes Nähgarn

Schnittmusterbogen D

ZUSCHNEIDEN

Bevor du die Teile zuschneidest, musst du zunächst die passende Größe der Pantoffeln herausfinden. Stelle dazu deine Füße nacheinander auf das Schnittmuster des Sohlenteils (Größe XS, S, M, L). Das passende Sohlenteil sollte rundherum ca. 5 mm größer als dein Fuß sein. Schneide die Sohlenteile aus Filz ohne Nahtzugaben zu. Die Schnittteile aus Baumwollstoff und Vlieseinlage schneidest du mit 5 mm Nahtzugabe zu.

Filz:
2x Sohle

Baumwollstoff:
4x Pantoffelteil

Vlieseinlage:
2x Pantoffelteil

MATERIAL

Grün-weiß karierte Pantoffeln ★★☆

Filz in Rot, 3–4 mm stark, 30 cm x 30 cm ★ Baumwollstoff in Grün-Weiß kariert, 20 cm x 80 cm ★ dünnes Volumenvlies (Vlieseline® 280), 20 cm x 40 cm ★ 2 Knöpfe in Grün, ø 1,5 cm ★ farblich passendes Nähgarn

Schnittmusterbogen D

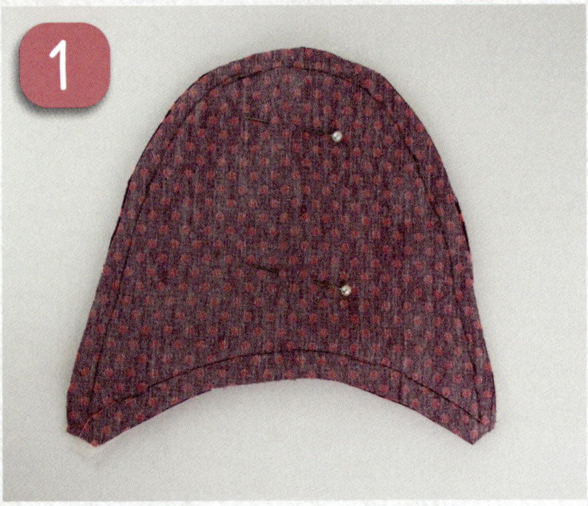

Lege zwei Pantoffelteile bündig rechts auf rechts. Die beiden Stofflagen legst du anschließend bündig auf ein Schnittteil aus Vlieseinlage. Fixiere die Lagen mit Stecknadeln und nähe sie an der Kante mit der leichten Rundung mit geradem Stich (Stichlänge 2,5 mm) zusammen.

Knipse die Nahtzugaben an der genähten Kante ein.

Wende das Teil, sodass die Vlieseinlage innen liegt. Lege die noch offenen Kanten bündig aufeinander und fixiere die Stofflagen mit Stecknadeln. Versäubere die offenen Kanten zusammen mit breiten Zickzackstichen (Stichlänge 2,5 mm, Stichbreite 4 mm).

Lege das Pantoffelteil mit den versäuberten Kanten bündig auf das vordere Ende eines Sohlenteils und fixiere es mit Stecknadeln. Nähe die Lagen mit 5 mm Nahtzugabe fest. Wende den Pantoffel, sodass die Nahtzugaben innen liegen.

Nähe an der oberen Kante des Pantoffelteils einen Knopf an. Es sieht schön aus, wenn der Knopf ein wenig über die Kante übersteht.

Nähe den zweiten Pantoffel wie in Schritt 1–5 beschrieben.

Grunzt mit dir um die Wette

- GLÜCKSSCHWEINCHEN -

MATERIAL

★★☆

Baumwollstoff in Weiß-Rosa gepunktet, 20 cm x 50 cm ★ Bastelfilz in Weiß und Rosa, jeweils Reste ★ Füllwatte ★ Baumwollkordel in Rosa, ø 3 mm, 10 cm lang ★ farblich passendes Nähgarn ★ Stoffmalstift in Schwarz

Schnittmusterbogen A

ZUSCHNEIDEN

Schneide die Filzteile ohne Nahtzugabe zu. Der Schweinchenkörper wird in Schritt 1–3 zugeschnitten.

Filz in Rosa:
2x Ohr

Filz in Weiß:
2x Augenkreis

Falte den Stoff mittig rechts auf rechts, sodass die 20 cm langen Kanten aufeinanderliegen. Lege das Schnittmuster für den Schweinchenkörper auf den Stoff und fixiere es mit Stecknadeln. Umrande das Schnittmuster mit weichem Bleistift. Übertrage auch die Markierung für das Schwänzchen und die Wendeöffnung auf den Stoff. Das Schnittmuster kannst du anschließend wieder entfernen.

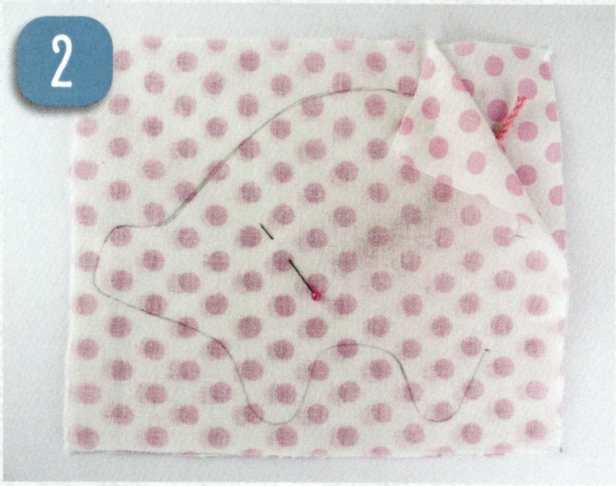

Stecke die Kordel an der Markierung für das Schwänzchen zwischen die Stofflagen, sodass das längere Kordelende nach innen zeigt.

Nähe den Schweinchenkörper rundherum auf der angezeichneten Linie mit geradem Stich (Stichlänge 2,5 mm) zusammen, dabei lässt du die Wendeöffnung aus. Schneide das Schweinchen mit 1 cm Nahtzugabe aus. Knipse die Nahtzugaben an allen Rundungen ein, aber nicht im Bereich der Wendeöffnung.

Mach einen Knoten in das Kordel-Schwänzchen und schiebe ihn direkt an den Schweinchenkörper. Schneide die Kordel auf eine Länge von 3 cm ab.

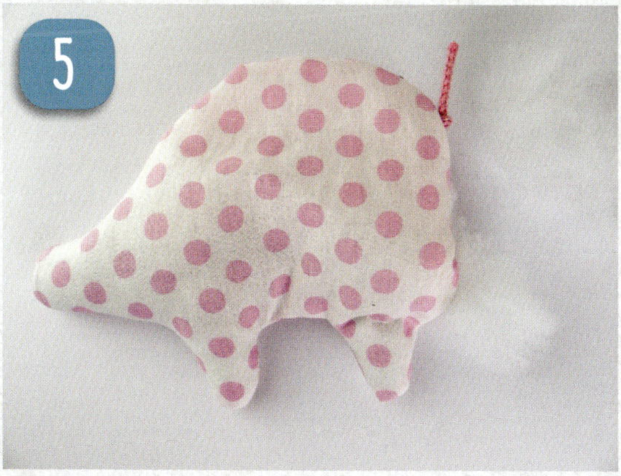

Fülle das Schweinchen mit Watte. Schiebe dafür zuerst wenig Watte bis in die Schnauze und beide Beine. Anschließend füllst du den restlichen Körper.

Lege die Nahtzugaben an der Wendeöffnung nach innen. Schließe die Öffnung mit Überwendlingsstichen. Stich dazu immer von einer Seite durch alle Stofflagen.

Fixiere die Ohren oben am Kopf mit Stecknadeln und nähe sie mit Überwendlingsstichen an. Stich dazu immer in den Stoff ein und aus dem Filz wieder aus.

Klebe zum Schluss die Augenkreise auf das Gesicht und male mit dem Stoffmalstift die Pupillen und den Mund auf.

TIPP

Die Schweinchen lassen sich toll aus Stoffresten mit farblich passenden Filzohren nähen. Verschenke die Glücksbringer an Freunde und Verwandte!

Rock mit Gummizug

– DU BESTIMMST DIE LÄNGE! –

MATERIAL

★★☆

Baumwollstoff in Jeansblau oder Jersey in bunt gemustert, 140–150 cm breit, Verbrauch: Rocklänge + 10 cm (siehe „Zuschneiden“) ★ Gummiband, 3 cm breit, Länge: Taillenumfang + 2 cm ★ farblich passendes Nähgarn

ZUSCHNEIDEN

Der Rock wird aus zwei Teilen genäht. Bevor du die Rockteile zuschneidest, musst du zunächst deinen Taillenumfang (siehe S. 9) messen und die Rocklänge bestimmen. Dafür misst du von der Taille an abwärts. Hübsch sieht es aus, wenn der Rock bis kurz über die Knie fällt. Anschließend berechnest du die Maße für die Rockteile folgendermaßen:

Breite: Taillenumfang + 2 cm Nahtzugabe
Länge: Rocklänge + 2 cm für den Saum + 4,5 cm für den Tunnelzug

Schneide anschließend für einen Rock zwei Rechtecke mit der berechneten Breite und Länge aus Jersey oder Baumwollstoff zu. Die Maße enthalten bereits 1 cm Nahtzugabe.

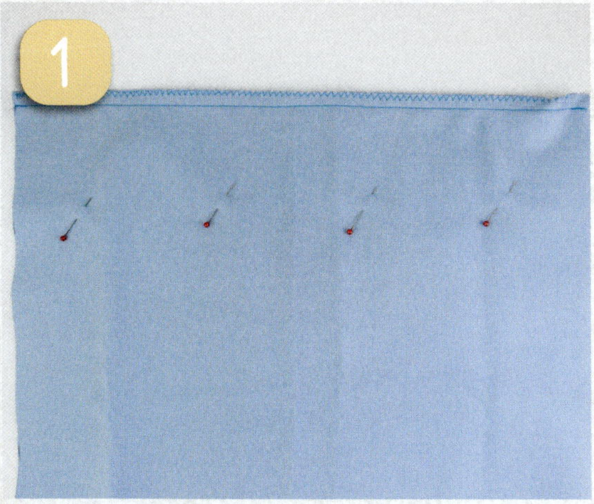

Lege die Rockteile rechts auf rechts bündig an einer Seitennaht und fixiere sie mit Stecknadeln. Nähe die Teile an der Seitennaht mit 1 cm Nahtzugabe zusammen. Wenn du Jersey verarbeitest, nimmst du dazu den Stretchstich; bei einem Baumwollstoff verwendest du den geraden Stich und versäuberst anschließend die Nahtzugaben mit breiten Zickzackstichen (Stichlänge 3 mm, Stichbreite 3 mm).

Lege die Stoffe an der zweiten Seitennaht rechts auf rechts bündig und fixere sie mit Stecknadeln. Zeichne mit 1 cm Abstand zur oberen Stoffkante eine 3,5 cm lange Öffnung für den Tunnelzug ein.

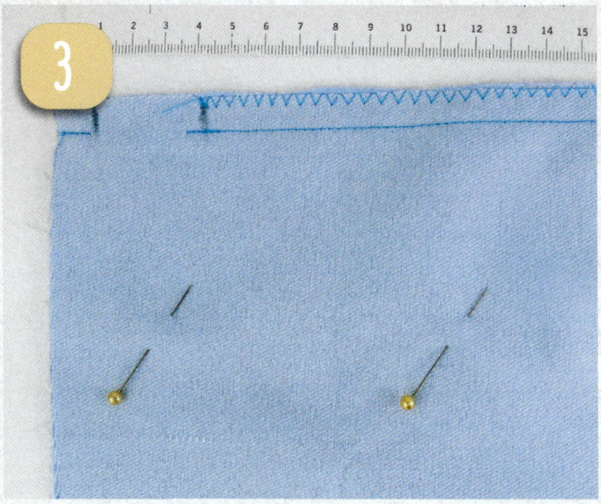

Nähe die Seitennaht 1 cm lang zusammen, spare dann die 3,5 cm aus und schließe die restliche Seitennaht. Wenn du Jersey verarbeitest, nimmst du dazu den Stretchstich; bei einem Baumwollstoff verwendest du den geraden Stich und versäuberst anschließend die Nahtzugaben mit breiten Zickzackstichen.

Für den doppelt eingeschlagenen Saum bügelst du den Saum 2 cm breit auf links. Schlage ihn anschließend 1 cm breit ein und bügle ihn noch einmal. Steppe den Saum knappkantig mit geraden Stichen fest

5

Für den Tunnelzug bügelst du die obere Stoffkante 4,5 cm breit auf links. Schlage die Kante anschließend 1 cm breit ein und bügle sie noch einmal. Steppe den Tunnelzug knappkantig mit geraden Stichen fest.

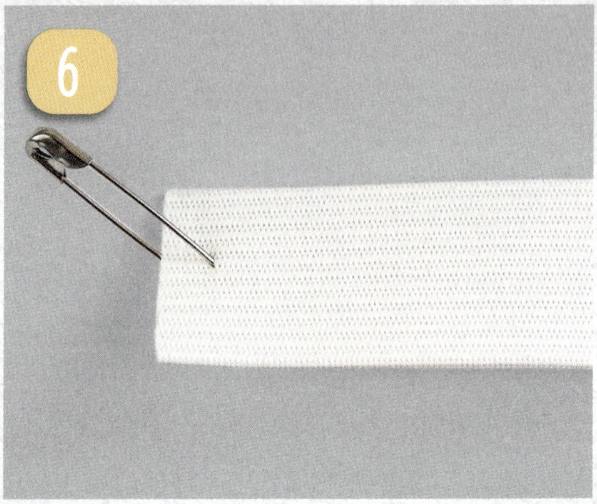

6

Befestige eine Sicherheitsnadel an einem Ende des Gummibands. Schiebe die Sicherheitsnadel durch den Stofftunnel und ziehe dabei das Gummiband ein; beginne bei der Tunnelöffnung in der Seitennaht.

7

Ziehe beide Enden des Gummibands etwas aus dem Tunnel heraus. Lege sie 1 cm breit überlappend aufeinander und nähe sie mit Zickzackstichen (Stichlänge 2 mm, Stichbreite 3 mm) zusammen. Schiebe den Gummi zum Schluss wieder in den Tunnel zurück.

TIPP

Aus sehr dünnem Baumwollstoff kannst du den Rock auch als langen, luftigen Strandrock nähen.

Für Kopfhörer oder Krimskrams

– RUNDES TÄSCHCHEN –

MATERIAL

★★☆

Baumwollstoff in Orange-Rot gepunktet (Oberstoff), 20 cm x 30 cm ★ Baumwollstoff in Hellgelb (Futterstoff), 20 cm x 30 cm ★ dünne Vlieseinlage zum Aufbügeln (z. B. Vlieseline® H200), 20 cm x 30 cm ★ Baumwollband in Hellgelb, 1 cm breit, 10 cm lang ★ Reißverschluss in Orange, 10 cm lang ★ farblich passendes Nähgarn

Schnittmusterbogen C

ZUSCHNEIDEN

Die Schnittmuster enthalten bereits 1 cm Nahtzugabe, schneide die Stoffteile daher ohne Nahtzugabe zu.

Baumwollstoff in Orange-Rot gepunktet:
2x Vorderteil
1x Rückteil

Baumwollstoff in Hellgelb:
2x Vorderteil
1x Rückteil

Vlieseinlage:
2x Vorderteil
1x Rückteil

Bügle die Teile aus Vlieseinlage auf die linken Stoffseiten des Futterstoffs in Hellgelb. Lass dir dabei von einem Erwachsenden helfen.

Lege ein Vorderteil aus Oberstoff mit der rechten Stoffseite nach oben auf die Arbeitsfläche. Lege den Reißverschluss mit dem Zipper nach unten bündig an die gerade Kante.

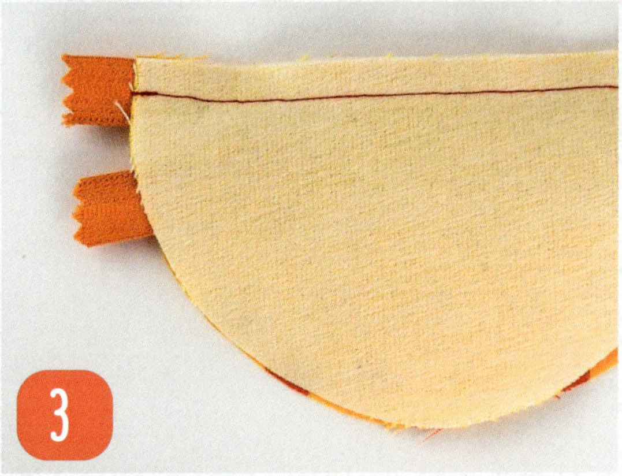

Lege ein Vorderteil aus Futterstoff rechts auf rechts bündig darauf und fixiere es mit Stecknadeln. Setze das Reißverschlussfüßchen in die Nähmaschine ein. Nähe alle Stofflagen und den Reißverschluss mit geradem Stich (Stichlänge 2,5 mm) an der geraden Kante zusammen.

Falte die Stoffe links auf links, sodass der Reißverschluss freiliegt. Wiederhole Schritt 2 und 3 mit den beiden anderen Vorderteilstoffen an der anderen Hälfte des Reißverschlusses.

5

Falte die Stoffe links auf links, sodass der Reißverschluss mittig liegt. Öffne den Reißverschluss.

6

Falte das Band zur Schlaufe und lege es ca. 3 cm oberhalb des Reißverschlussanfangs mit der Schlaufe nach innen zeigend bündig an die Taschenkante. Lege das Rückteil aus Oberstoff bündig rechts auf rechts darauf. Anschließend legst du das Rückteil aus Futterstoff links auf links darauf und fixierst alle Stofflagen mit Stecknadeln.

7

Nähe die Stoffe rundherum bei ganz geöffnetem Reißverschluss zusammen. Knipse die Nahtzugaben ein und versäubere sie mit breiten Zickzackstichen (Stichlänge 2,5 mm, Stichbreite 4 mm).

8

Jetzt kannst du dein Täschchen durch den geöffneten Reißverschluss wenden.

Tischset

– IN ZWEI FARBEN MIT HERZBAND –

MATERIAL

★☆☆

Baumwollstoff in Violett-Weiß gemustert, 32 cm x 45 cm und 32 cm x 31 cm ★ Baumwollstoff in Graublau, 32 cm x 16 cm ★ dünne Vlieseinlage zum Aufbügeln (z. B. Vliesline® H200), 32 cm x 45 cm ★ Webband mit Herzen in Grau, Braun, Rosa und Hellblau, 1,5 cm breit, 35 cm lang ★ farblich passendes Nähgarn

ZUSCHNEIDEN

Alle Maße enthalten bereits 1 cm Nahtzugabe, schneide die Stoffteile daher ohne Nahtzugabe zu.

Bügle die Vlieseinlage auf die linke Stoffseite des großen Stoffrechtecks (32 cm x 45 cm) für die Rückseite. Lass dir dabei von einem Erwachsenen helfen.

Lege die anderen beiden Stoffrechtecke an einer 32 cm langen Kante rechts auf rechts aufeinander. Nähe die Stofflagen an dieser Kante füßchenbreit mit geradem Stich (Stichlänge 2,5 mm) zusammen.

Falte die Stofflagen auseinander. Lege das Webband von rechts auf die Naht und fixiere es mit Stecknadeln. Nähe das Band anschließend an den Rändern knappkantig auf.

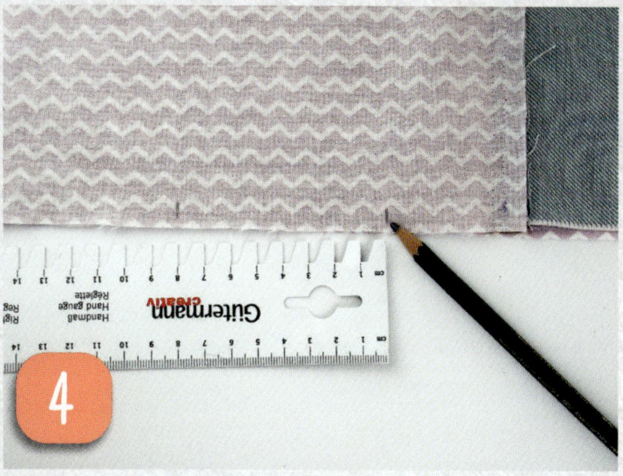

Lege das zusammengesetzte Stoffteil rechts auf rechts auf das rückwärtige Stoffteil mit Vlieseinlage. Fixiere die Lagen mit Stecknadeln. Zeichne an einer Kante mit Bleistift eine 8 cm lange Wendeöffnung ein.

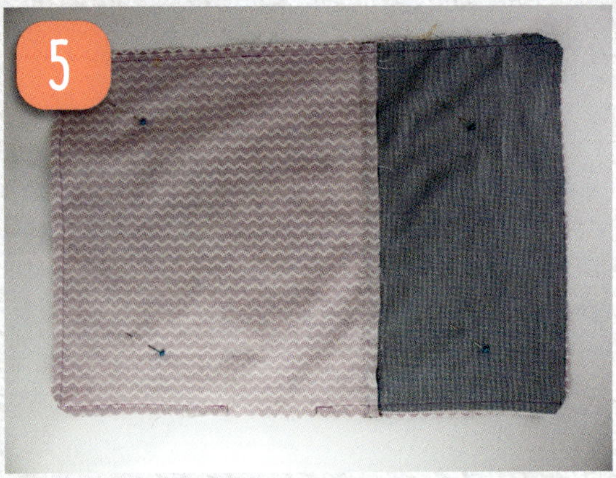

Nähe die Stofflagen rundherum füßchenbreit zusammen. Schneide die Nahtzugaben an den Ecken schräg bis kurz vor die Naht zurück.

Wende das Tischset durch die Wendeöffnung. Lege anschließend die Nahtzugaben an der Wendeöffnung nach innen und nähe die Öffnung mit Matratzenstichen zu.

Bügle das Tischset zum Schluss noch einmal schön glatt.

TIPP

Nähe für jedes Familienmitglied ein eigenes Tischset mit unterschiedlichen Stoffen. Vielleicht in den jeweiligen Lieblingsfarben? Mit passend gemusterten Stoffen kannst du auch Tischsets für Ostern oder Weihnachten anfertigen.

Patchwork-Gürtel

– AUS STOFFRESTEN –

MATERIAL

★☆☆

Patchwork-Gürtel

Baumwollstoffreste, je 8 cm x 12 cm ★ verschiedene Borten und Bänder, je 8 cm lang ★ 2 D-Ringe in Silber, 30 mm breit ★ farblich passendes Nähgarn

Gürtel in Orange

Gurtband in Orange, 3 cm breit, Länge je nach Hüftumfang (siehe Schritt 1) ★ Webband in Rot mit Herzen in Hummer und Blau, Länge je nach Hüftumfang (siehe Schritt 1) ★ Gürtelschließe in Silber, 30 mm breit ★ farblich passendes Nähgarn

PATCHWORK-GÜRTEL

Miss deinen Hüftumfang. Addiere zu diesem Maß 15 cm. Schneide dieser Gürtellänge entsprechend viele Stoffrechtecke aus, rechne dabei ein Rechteck für 10 cm Gürtellänge.

Lege zwei Stoffrechtecke rechts auf rechts, fixiere sie mit Stecknadeln und nähe sie an einer schmalen Kante füßchenbreit zusammen. Falte die Stoffe auseinander und nähe die nächsten Rechtecke genauso an die schmalen Kanten. Wiederhole den Schritt mit allen Rechtecken, sodass ein langer Stoffstreifen entsteht.

Verteile die Bänder senkrecht auf der rechten Stoffseite des Patchwork-Streifens und fixiere sie mit Stecknadeln. Nähe sie mittig mit geraden Stichen fest.

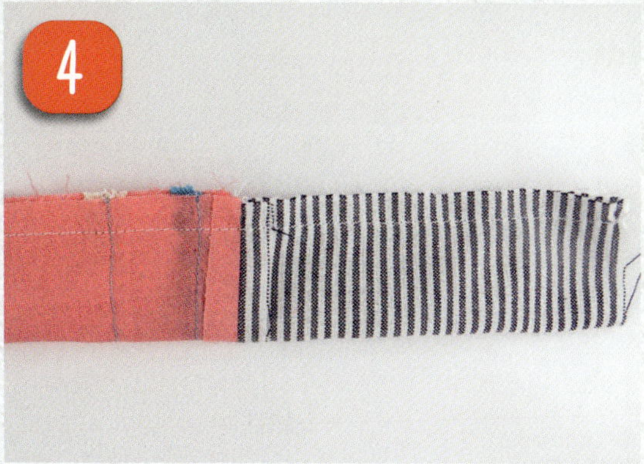

Falte den Patchwork-Streifen längs mittig rechts auf rechts und fixiere die langen Kanten mit Stecknadeln. Nähe den Streifen an der langen offenen Kante füßchenbreit zusammen.

5

Befestige eine Sicherheitsnadel an einem Ende des Stofftunnels und schiebe sie anschließend durch den Stofftunnel, um das Teil zu wenden.

6

Schiebe die Nahtzugaben an den offenen kurzen Kanten 1 cm nach innen. Nähe ein Ende knappkantig zu. Fädle das andere Ende in beide D-Ringe, versäubere die Kante, falte das Ende 3 cm um und nähe es knappkantig fest.

GÜRTEL IN ORANGE

1

Miss deinen Hüftumfang und addiere 6 cm. Ziehe von diesem Maß die Länge der geschlossenen Gürtelschließe ab. Schneide das Gurtband und das Webband auf diese Länge zurecht. Fixiere das Webband anschließend mit Stecknadeln mittig auf dem Gurtband und nähe es an beiden Kanten mit kleinen Zickzackstichen (Stichlänge 2 mm, Stichbreite 2 mm) fest. Versäubere die kurzen Enden des Gürtels mit breiten Zickzackstichen (Stichlänge 2 mm, Stichbreite 3 mm).

2

Schiebe die Enden des Gürtels jeweils durch einen Teil der Gürtelschließe und falte sie 3 cm um. Nähe die Gürtelenden füßchenbreit fest.

Garantiert ohne Kalorien

- DONUT-KISSEN -

ZUSCHNEIDEN

Schneide die Filzteile in Hellbraun mit 1 cm Nahtzugabe zu. Die Zuckerstreusel in Pink, Orange und Weiß schneidest du ohne Nahtzugabe zu. Der rosa Zuckerguss wird in Schritt 1 zugeschnitten.

Filz in Hellbraun:
2x Donut

Filz in Pink, Orange und Weiß:
je 7x Zuckerstreusel

MATERIAL

★★☆

Filz in Hellbraun, 1–2 mm stark, 50 cm breit, 1 m ★ Filz in Rosa, 1–2 mm stark, 50 cm breit, 50 cm ★ Filz in Pink, Orange und Weiß, 1 mm stark, jeweils 10 cm x 18 cm ★ Vliesofix®, 50 cm x 50 cm ★ Füllwatte ★ farblich passendes Nähgarn

Schnittmusterbogen D

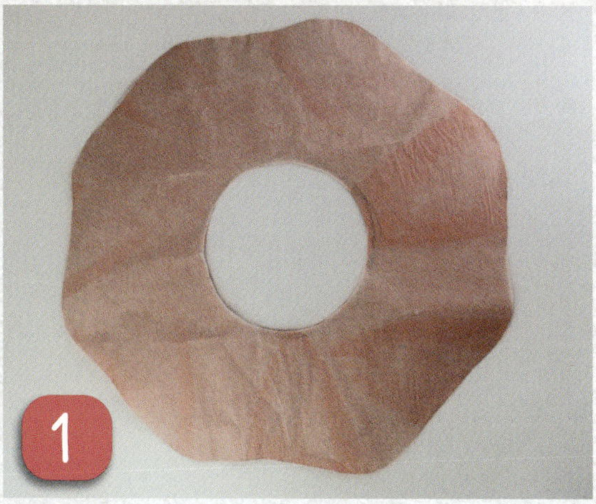

Bügle das Vliesofix® mithilfe eines Erwachsenen auf eine Seite des rosafarbenen Filzes. Übertrage die Vorlage für den Zuckerguss auf das Trägerpapier und schneide das Teil aus. Ziehe das Trägerpapier vom Vliesofix® ab.

Bügle das Zuckerguss-Teil nun nach Herstelleranleitung mithilfe eines Erwachsenen auf einen Donut-Kringel. Nähe den Zuckerguss rundherum an der Innen- und Außenkante knappkantig mit geradem Stich (Stichlänge 2,5 mm) fest.

Verteile die Zuckerstreusel lose auf dem Zuckerguss und fixiere sie mit Stecknadeln. Nähe die Streusel jeweils mit einer Naht mittig fest.

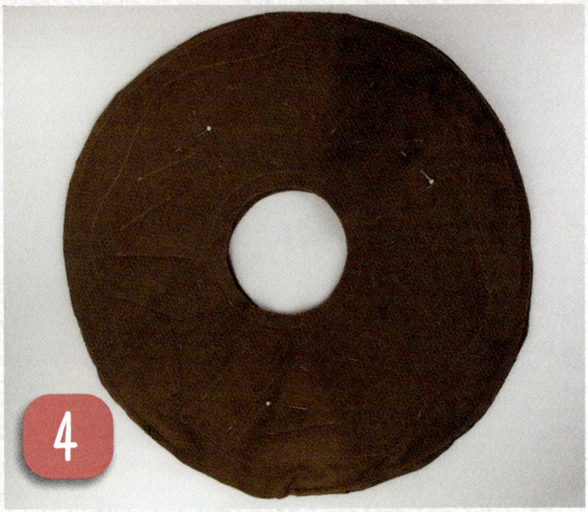

Lege die Donut-Teile rechts auf rechts aufeinander und fixiere sie mit Stecknadeln. Nähe die Teile an der Außenkante mit 1 cm Nahtzugabe zusammen, lass dabei eine 10 cm lange Öffnung aus.

Wende den Donut, sodass der rosafarbene Zuckerguss wieder außen liegt. Stecke die Stoffe im Innenkreis bündig aufeinander und nähe diese Lagen knappkantig fest. Nun kannst du den Donut durch die

Öffnung aus Schritt 4 mit Watte füllen. Schiebe dazu die Watte zuerst bis zum gegenüberliegenden Teil der Wendeöffnung und arbeite dich dann in beiden Richtungen bis zur Wendeöffnung vor.

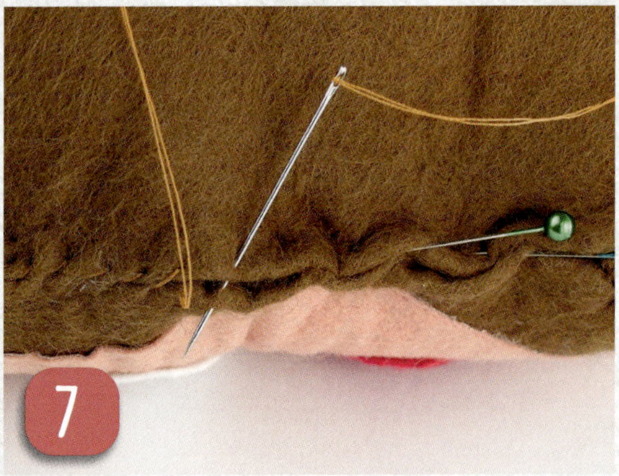

Schiebe zum Schluss die Nahtzugaben der Wendeöffnung nach innen und schließe die Wendöffnung mit Überwendlingsstichen.

Toll, du hast Filz-
stücke appliziert!
Das ist was für
Fortgeschrittene!

XXL-Dreiecksschal

- GANZ SCHNELL GENÄHT -

MATERIAL

★☆☆

Jersey in Hellgrau mit Sternchen in Weiß, Rot, Grün und Türkis, 140 cm breit, 1 m ★
farblich passendes Nähgarn

Falte das Stoffteil zunächst der Länge nach rechts auf rechts. Anschließend faltest du es einmal quer.

Falte die oberen offenen Kanten zur Schräge. Dazu misst du zunächst die Mitte einer kurzen Kante minus 1 cm Nahtzugabe ab. An dieser Stelle faltest du die Stofflagen von der rechten oberen Ecke aus nach unten, sodass die Ecke auf der gedachten Diagonalen zwischen der linken oberen und der rechten unteren Ecke liegt. Schneide die Stofflagen in der Bruchkante auseinander.

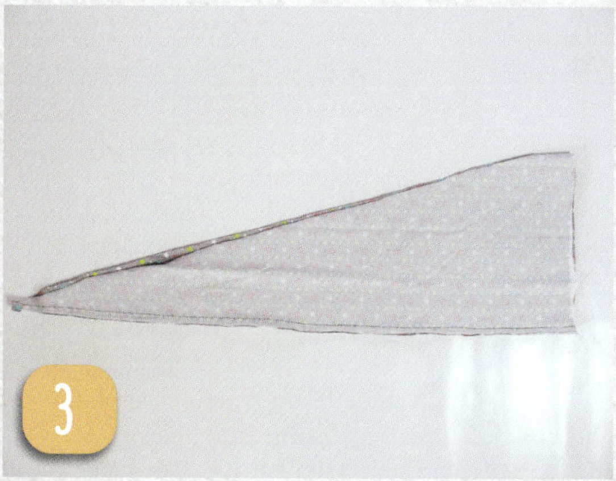

Öffne die abgeschnittenen Stoffteile und lege die zwei Dreiecke rechts auf rechts. Fixiere die Stofflagen und nähe sie an der langen Kante, die mit der kurzen Kante den rechte Winkel bildet, mit Jerseystichen füßchenbreit zusammen.

Falte alle Stofflagen auseinander. Fixiere das in Schritt 3 genähte Dreieck mit der kurzen Kante rechts auf rechts an der kurzen Kante des großen Stoffteils und nähe dann die Stofflagen füßchenbreit zusammen.

Falte das dreieckige Stoffteil mittig und nähe es an den Kanten rundherum füßchenbreit zusammen, lass dabei an einer Kante mittig eine 10 cm lange Wendeöffnung. Schneide die Nahtzugaben an den genähten Spitzen zurück.

Wende den Schal durch die Wendeöffnung und forme die Spitzen schön aus. Schiebe die Nahtzugaben an der Wendeöffnung 1 cm nach innen und nähe die Öffnung knappkantig mit geraden Stichen zu.

TIPP

Das Tuch sieht auch aus Baumwollstoff genäht toll aus. Schick ist es auch, wenn du dir eine Beanie (siehe S. 56) oder Handschuhe (siehe S. 160) passend zu dem Dreiecksschal aus dem selben Stoff nähst.

Jogginghose

– MIT BUNTEN BÜNDCHEN –

MATERIAL

★★☆

dehnbarer Jersey in Mittelblau oder Dunkelblau gemustert, 140 cm breit, 90 cm (Größe 122–140), 1 m (Größe 146–158) ★ Bündchenware in Blaugrün oder Rosa, 80 cm x 20 cm ★ Gummiband, 15 mm breit, 70 cm lang ★ farblich passendes Nähgarn

Schnittmusterbogen C

ZUSCHNEIDEN

Klebe vor dem Zuschneiden das obere und das untere Papierschnittmuster des Hosenteils zusammen. Die Schnittmuster enthalten bereits Naht- und Saumzugaben; schneide die Stoffteile daher ohne Naht- und Saumzugabe zu (Auflageplan siehe Schnittmusterbogen). Übertrage alle Markierungen sowie die vordere Mitte am Bündchen oben und unten vom Schnittmuster auf die Stoffteile.

Jersey
2x Hosenteil

Bündchenware
2x Fußbündchen
1x Hosenbund (im Stoffbruch)

Lege die Hosenteile rechts auf rechts, fixiere die Stofflagen mit Stecknadeln und nähe sie an der vorderen und der hinteren Mitte (den kurzen gebogenen Kanten vom Bund bis zum Schritt) mit Zickzackstichen (Stichlänge und Stichbreite 2,5 mm) füßchenbreit zusammen. Bügle die Nahtzugaben auseinander.

Ziehe die Stofflagen auseinander und lege sie rechts auf rechts, sodass die vordere und hintere Mitte aufeinandertreffen. Nun schließt du die Schrittnähte; fixiere dazu die Stofflagen an der Innenseite der Hosenbeine jeweils mit Stecknadeln, beginne dabei an der Unterkante und arbeite dich bis etwa 15 cm vor der Mitte nach oben.

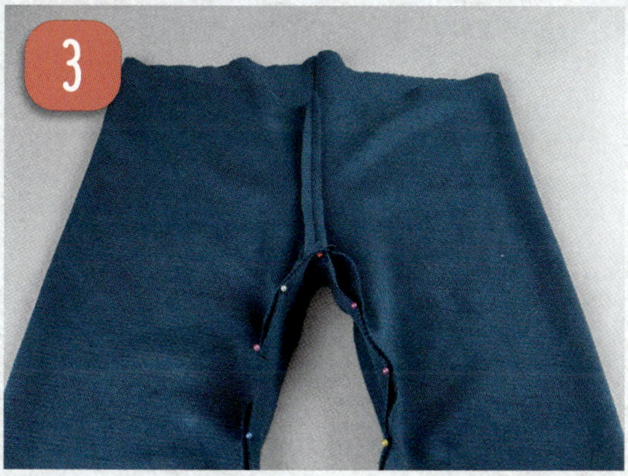

Fixiere nun die letzten 15 cm bis zur Mitte mit Stecknadeln. Dabei musst du die Stoffe etwas dehnen, denn die vordere Stoffkante ist etwas länger als die rückwärtige, damit die Legginghose am Po gut sitzt. Nähe die Schrittnähte mit Zickzackstichen zusammen.

Falte die Fußbündchen jeweils rechts auf rechts zur Hälfte, sodass die kurzen Kanten aufeinandertreffen. Fixiere die kurzen Kanten mit Stecknadeln und nähe sie zusammen. Markiere den Stoffbruch auf der gegenüberliegenden Seite mit einer Stecknadel. Bügle die Nahtzugaben auseinander und wende das Bündchen, sodass die rechte Stoffseite außen liegt.

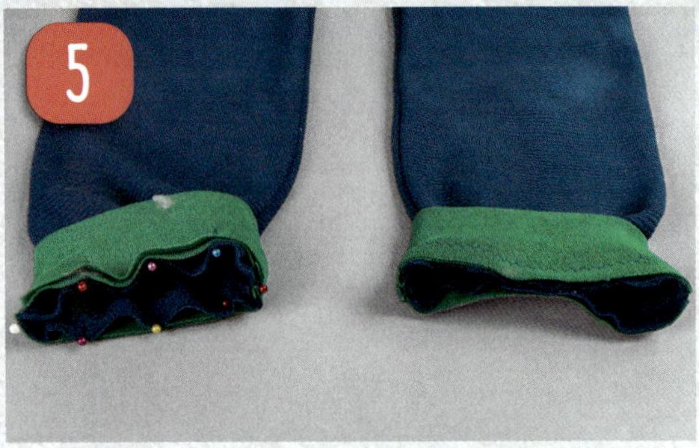

Markiere bei der Hose im Saum jeweils die Hälfte, gemessen ab der Naht, mit einer Stecknadel. Stülpe ein Fußbündchen rechts auf rechts bündig über einen Saum, sodass Nähte und Stecknadelmarkierungen aufeinandertreffen. Fixiere die Stofflagen mit Stecknadeln, du musst das Bündchen etwas dehnen. Nähe das Bündchen füßchenbreit mit Zickzackstichen an die Hose. Wiederhole den Schritt am anderen Hosenbein.

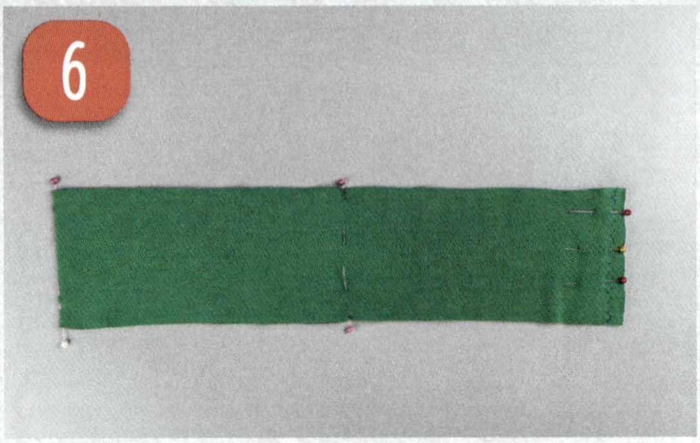

Falte den Hosenbund rechts auf rechts zur Hälfte, sodass die kurzen Kanten aufeinandertreffen. Fixiere die kurzen Kanten mit Stecknadeln und nähe sie zusammen. Bügle die Nahtzugaben auseinander und wende das Bündchen, sodass die rechte Stoffseite außen liegt.

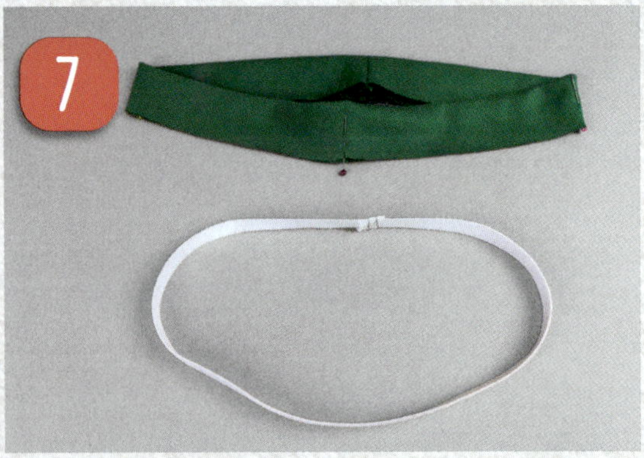

Lege das Bündchen längs links auf links zur Hälfte. Lege das Gummiband straff um deine Taille und schneide die Länge mit 2 cm Nahtzugabe zurecht. Lege die Gummibandenden 1 cm übereinander und nähe sie fest. Schiebe den Gummiring in das gefaltete Bündchen. Fixiere das Bündchen unten mit Stecknadeln und nähe es füßchenbreit zusammen.

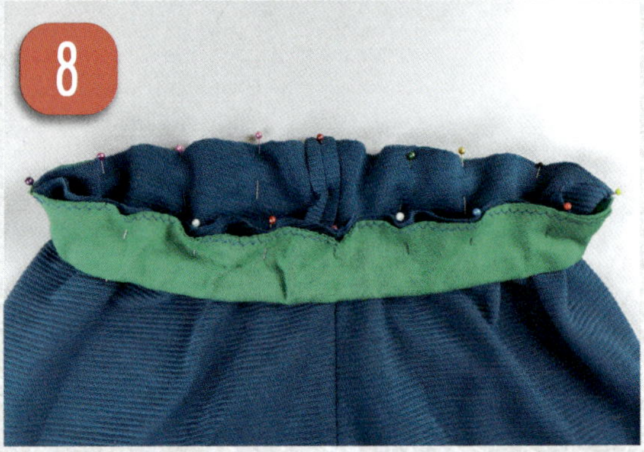

Markiere im Bündchen die Naht und im Hosenbund die hintere Mitte mit einer Stecknadel. Teile Bündchen und Hosenbund anschließend mit Stecknadeln in vier gleich große Abschnitte. Schiebe das Bündchen rechts auf recht mit den offenen Kanten nach außen über den Bund, dabei treffen die Stecknadelmarkierungen aufeinander. Fixiere die Stofflagen mit Stecknadeln, das Bündchen musst du dabei etwas dehnen. Nähe das Bündchen füßchenbreit an die Hose. Bügle die Nahtzugaben nach unten.

BEYOND THE FOREST
10.02
EXPLORE
ADVENTURE

Einfach mal abhängen!

- FRED FAULTIER -

MATERIAL

★ ★ ★

Baumwollstoff in Helltürkis mit weißen Punkten, 120 cm breit, 30 cm ★ Baumwollstoff in Hellgrün, Rest ★ Filz in Weiß, 1 mm stark, 10 cm x 18 cm ★ Filz in Schwarz, 1 mm stark, Rest ★ Vliesofix®, 10 cm x 20 cm ★ Klettband, 2 cm breit, 5 cm lang ★ Füllwatte ★ farblich passendes Nähgarn ★ Bastelkleber ★ Filzstift in Schwarz

Schnittmusterbogen B

ZUSCHNEIDEN

Schneide die Baumwollstoffteile mit 1 cm Nahtzugabe zu. Übertrage die Markierungen auf die Stoffteile. Für den Zuschnitt des Gesichtsfelds und der Augen aus Filz in Weiß und des Augenflecks aus Baumwollstoff in Grün siehe Schritt 1.

Baumwollstoff in Helltürkis:
2x Körper
8x Arm

Filz in Schwarz:
1x Nase
2x Pupille

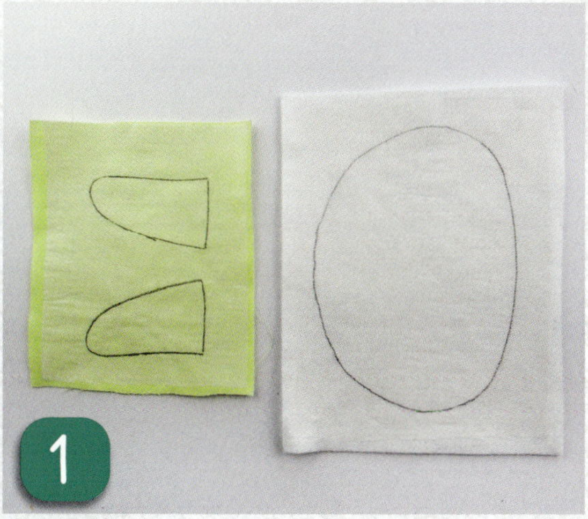

Bügle mithilfe eines Erwachsenen jeweils ein Stück Vliesofix® auf die linke Stoffseite des hellgrünen Stoffs und auf den weißen Filz. Übertrage den Augenfleck zweimal auf das Vliesofix® am grünen Stoff, davon einmal spiegelverkehrt.

Übertrage das Gesichtsteil und die Augen auf den weißen Filz. Schneide alle Teile aus und zieh das Trägerpapier vom Vliesofix® ab.
Bügle das Gesichtsteil im Kopfbereich auf die rechte Stoffseite eines Körperteils und nähe es knappkantig mit geradem Stich (Stichlänge 2,5 mm) fest. Bügle anschließend die Augenflecken auf und nähe sie knappkantig fest. Zum Schluss bügelst du die weißen Augenkreise auf und klebst die Pupillen und die Nase mit Bastelkleber auf.

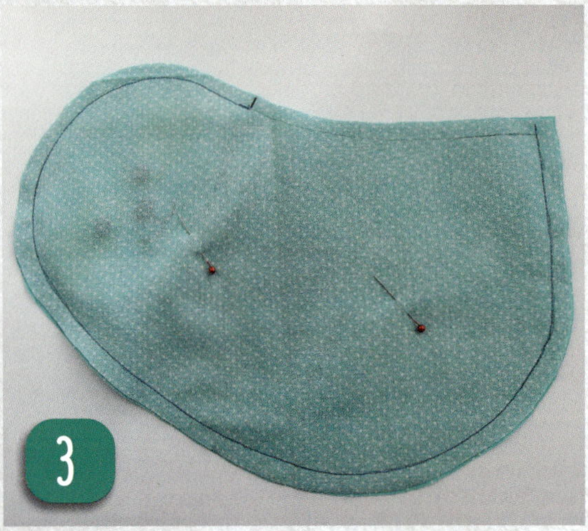

Lege die beiden Teile für den Körper rechts auf rechts. Fixiere sie mit Stecknadeln und nähe sie rundherum zusammen, dabei die Wendeöffnung auslassen. Knipse die Nahtzugaben an den Rundungen ein. Wende das Teil und fülle es mit Watte.

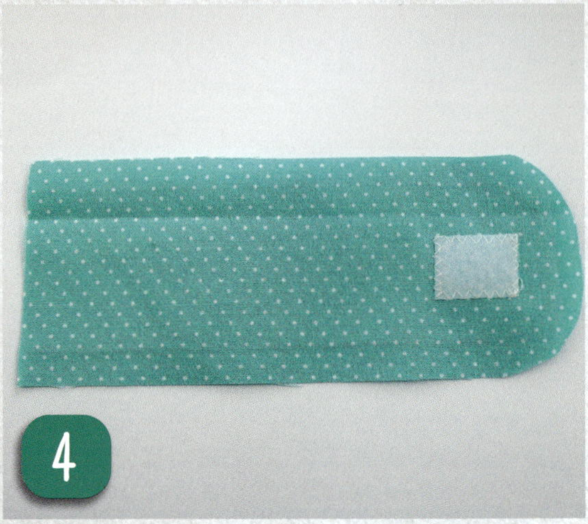

Schneide das Klettband in zwei 2,5 cm lange Stücke, trenne Flausch- und Hakenteile und fixiere sie jeweils mit Stecknadeln auf der rechten Stoffseite von vier Armteilen mit 1,5 cm Abstand zu den Kanten mit den runden Ecken. Nähe die Kletteile rundherum mit kleinen Zickzackstichen (Stichlänge 2 mm, Stichbreite 2 mm) fest.

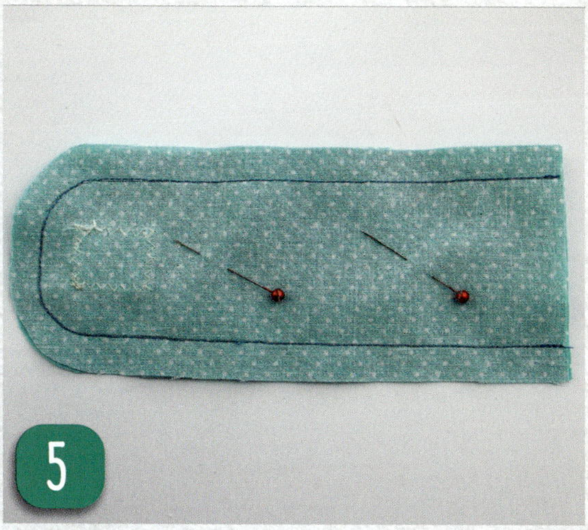

Lege jeweils ein Armteil mit Klett rechts auf rechts auf ein Armteil ohne Klett und fixiere die Teile mit Stecknadeln. Nähe die Stofflagen zusammen, lass dabei das untere gerade Stück als Wendeöffnung offen. Knipse die Nahtzugaben an den Kurven ein und wende die Arme.

Fülle die Arme mit Watte, dazu immer kleine Stücke Watte nach und nach mithilfe eines Bleistiftendes bis in die Spitze schieben. An der Öffnung etwas weniger Watte einfüllen, damit du die Arme später gut an dem Faultier befestigen kannst.

Schiebe die vier Arme im Bereich der Wendeöffnung zwischen die Nahtzugaben. Dabei liegen sich immer zwei Arme mit verschiedenen Klettverschlussteilen gegenüber. Um sicherzugehen kannst du die Arme zusammenkletten. Fixiere die Stofflagen mit Stecknadeln.

Nähe die Wendeöffnung von Hand mit Vorstichen zu, dabei nähst du die Arme mit fest. Damit alles gut hält, machst du am besten viele kleine Stiche.

Topflappen

– MIT PRAKTISCHEN EINGRIFFEN –

MATERIAL

★★☆

Für zwei Topflappen

Baumwollstoff in Rosa, 25 cm x 80 cm ★ Baumwollstoff in Pink-Rosa gepunktet, 25 cm x 80 cm ★ wärmeisolierendes Volumenvlies (z. B. Vlieseline 272, Thermolam®), 20 cm x 90 cm ★ Zackenlitze in Beige, 1 cm breit, 50 cm lang ★ farblich passendes Nähgarn

Schnittmusterbogen B

ZUSCHNEIDEN

Das Schnittmuster enthält bereits 1 cm Nahtzugabe, schneide die Stoff- und Vliesteile daher ohne Nahtzugabe zu. Übertrage alle Markierungen auf die Stoff- und Vliesteile.

Baumwollstoff in Rosa:
4x Topflappenteil

Baumwollstoff in Pink-Rosa gepunktet:
4x Topflappenteil

Vlieseline:
4x Topflappenteil

Zackenlitze
2x 12 cm

Du hast alle Teile zugeschnitten? Dann kann's jetzt losgehen!

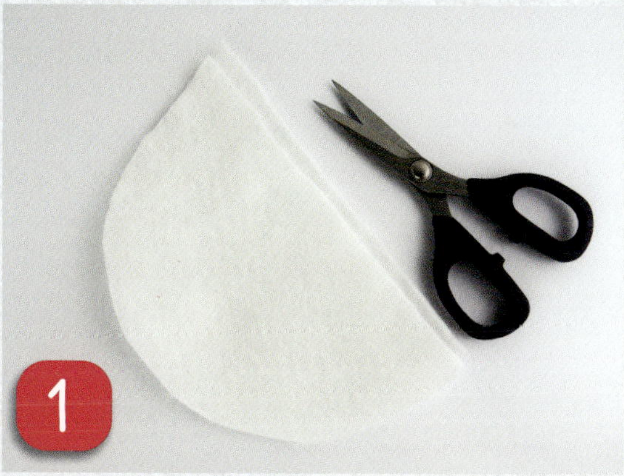

1

Falte ein Vliesteil mittig entlang der Markierungslinie und schneide es in zwei gleich große Teile.

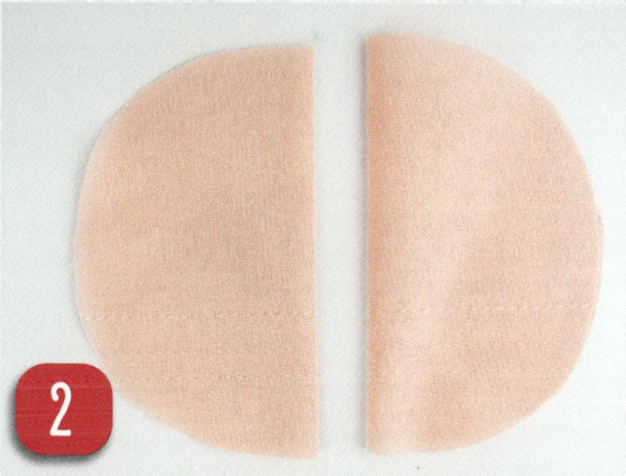

2

Falte zwei Stoffteile in Rosa mittig links auf links, sodass zwei Hälften der Topflappenform entstehen. Bügle die Umbruchkante.

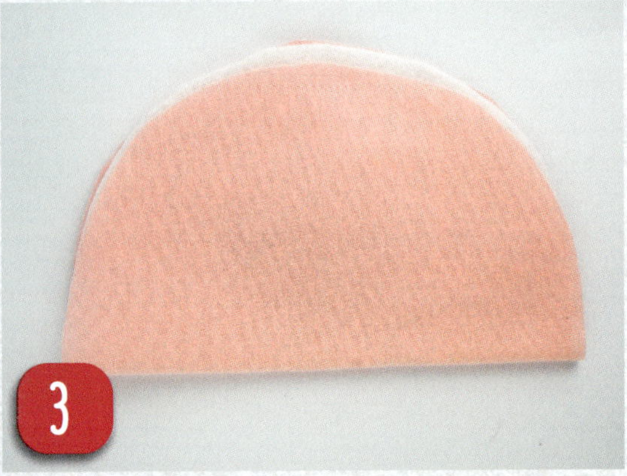

Schiebe bei jeder Topflappenhälfte ein halbes Vliesteil zwischen die Stofflagen.

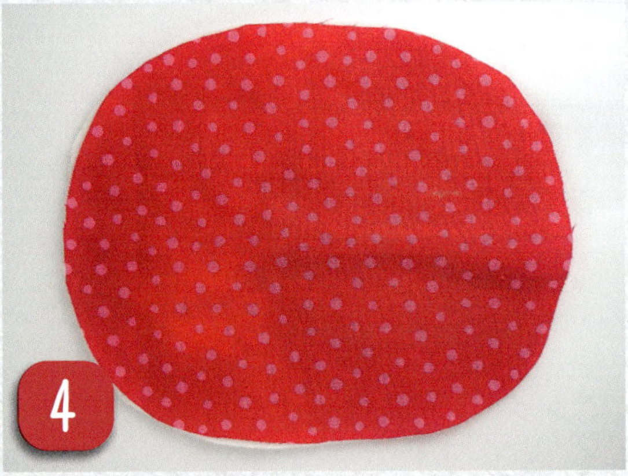

Lege das große Vliesteil auf die Arbeitsfläche. Lege anschließend ein Topflappenteil in Pink-Rosa gepunktet mit der rechten Stoffseite nach oben bündig darauf.

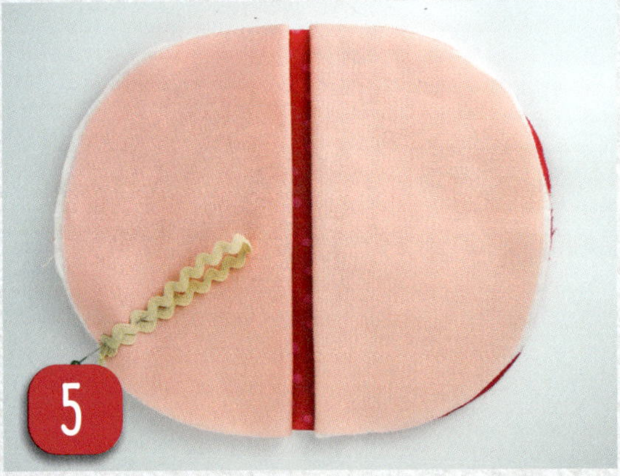

Die beiden rosafarbenen Topflappenhälften legst du bündig auf das pink-rosafarbene Topflappenteil. Falte die Zackenlitze zur Schlaufe und fixiere sie gemäß Markierung im Schnittmuster mit einer Stecknadel an einer Topflappenhälfte.

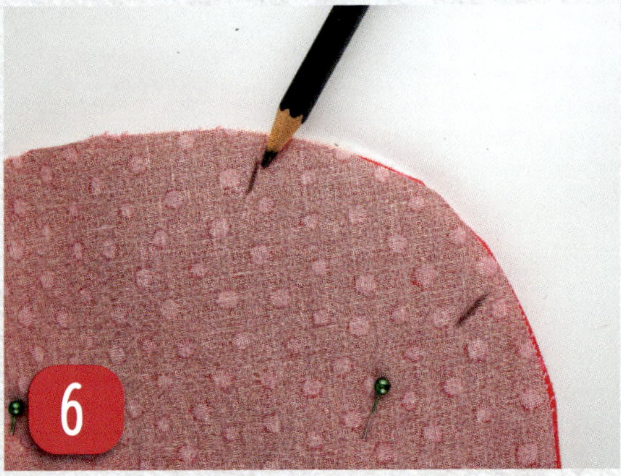

Zum Schluss legst du das zweite Teil in Pink-Rosa gepunktet rechts auf rechts auf die anderen Stofflagen und fixierst alles mit Stecknadeln. Zeichne an einer Seite mit Bleistift eine 8 cm lange Wendeöffnung ein.

Nähe alle Stofflagen rundherum füßchenbreit mit geradem Stich (Stichlänge 3,5 mm) zusammen, lass dabei die Wendeöffnung aus. Schneide die Nahtzugaben auf 5 mm zurück.

Wende den Topflappen durch die Wendeöffnung. Lege die Nahtzugaben an der Wendeöffnung nach innen und schließe die Öffnung mit Matratzenstichen. Wiederhole Schritt 1–8 für den zweiten Topflappen.

Wendetasche

- MIT WÄCHSELTRÄGERN -

MATERIAL

★★☆

Wendetasche

Baumwollstoff in Rosa, 120 cm breit, 55 cm ★ Baumwollstoff in Schwarz mit Punkten in Weiß, 20 cm x 20 cm ★ dünner Jeansstoff in Hellblau, 120 cm breit, 55 cm ★ Vliesofix®, 20 cm x 20 cm ★ dünnes Volumenvlies zum Aufbügeln (z. B. Vlieseline® H 640), 90 cm breit, 45 cm ★ 8 Sterne in Silber zum Aufstecken, ø 15 mm ★ 2 D-Ringe in Silber, 30 mm breit ★ farblich passendes Nähgarn

Träger

Baumwollstoff in Helltürkis mit Sternen in Weiß, 120 cm breit, 10 cm ★ dünner Jeansstoff in Hellblau, 120 cm breit, 10 cm ★ Webband in Grau mit Herzen in Rosa, Hellblau und Braun, 15 mm breit, 1 m lang ★ 4 Karabiner mit D-Ring in Silber, 30 mm breit ★ farblich passendes Nähgarn

Schnittmusterbogen A (Herz)

ZUSCHNEIDEN

Alle Maße enthalten bereits 1 cm Nahtzugabe.

WENDETASCHE

Baumwollstoff in Rosa
2x Taschenteil, 35 cm x 40 cm

Jeansstoff
2x Taschenteil, 35 cm x 40 cm
2x D-Ring-Schlaufe, 8 cm x 10 cm

Volumenvlies
2x Taschenteil, 35 cm x 40 cm

TRÄGER

Baumwollstoff in Helltürkis
1x Träger, 8 cm x 110 cm

Jeansstoff
1x Träger, 8 cm x 110 cm

Bügle das Vliesofix® mithilfe eines Erwachsenen auf die linke Stoffseite des schwarz-weißen Stoffs. Übertrage das Herz mithilfe der Vorlage auf das Trägerpapier des Vliesofix® und schneide es aus.

Ziehe das Trägerpapier ab und bügle das Herz mittig auf die rechte Stoffseite eines rosafarbenen Taschenteils. Nähe es anschließend rundherum mit breiten Zickzackstichen (Stichlänge 1,5 mm, Stichbreite 3–4 mm) fest.

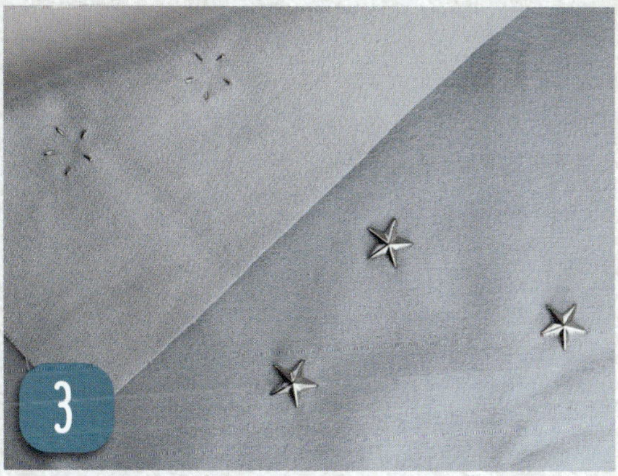

Verteile die Sterne locker auf der rechten Stoffseite eines blauen Taschenteils. Schiebe die kleinen Zacken durch den Stoff und drücke sie auf der linken Stoffseite zur Seite.

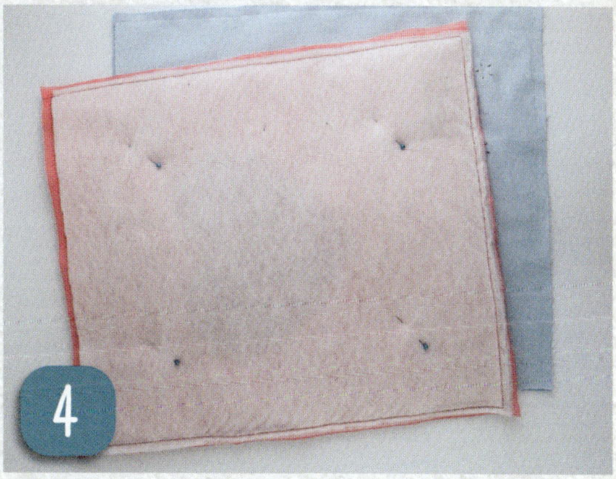

Bügle das Volumenvlies mithilfe eines Erwachsenen auf die linke Stoffseite der Taschenteile in Rosa. Nähe anschließend die Taschenteile derselben Farbe rechts auf rechts an den Seiten und am Boden füßchenbreit zusammen.

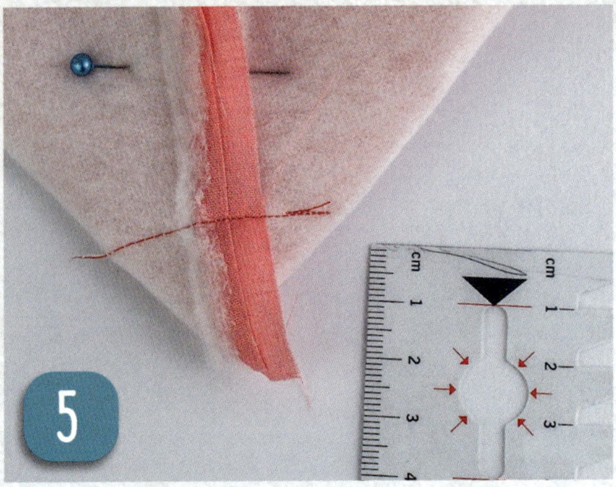

Ziehe bei beiden Taschenteilen die Stofflagen auseinander und lege jeweils die Seitennähte rechts auf rechts auf die Bodennaht. Zeichne jeweils im Abstand von 2 cm zur Ecke eine senkrechte Linie zur Seitennaht ein. Nähe die Ecken entlang der Linien ab. Die abgenähten Ecken schneidest du bis auf 1 cm Nahtzugabe zurück.

Falte die D-Ring-Schlaufen mittig rechts auf rechts, sodass die 10 cm langen Kanten aufeinandertreffen. Nähe die Stofflagen an dieser Kante füßchenbreit zusammen. Wende die Stoffschläuche. Fädle die Teile jeweils auf einen D-Ring und falte sie mittig zur Schlaufe. Die Schlaufen fixierst du auf der rechten Stoffseite der Außentasche mittig auf den Seitennähten an der Oberkante der Tasche. Wende die Innentasche auf rechts und schiebe sie in die Außentasche. Fixiere die Taschen an der Oberkante mit Stecknadeln und nähe sie zusammen, lass dabei eine 12 cm lange Wendeöffnung.
Wende die Tasche durch die Wendeöffnung. Die Nahtzugaben an der Wendeöffnung schiebst du 1 cm nach innen und nähst die Öffnung knappkantig zu. Die Tasche kannst du nun beliebig wenden.

Nähe das Webband mittig auf die rechte Stoffseite der Zuschnitte für die Träger. Falte den Streifen längs rechts auf rechts und nähe ihn an der langen Kante zusammen. Befestige eine Sicherheitsnadel an einem Ende und schiebe sie zum Wenden durch den Stofftunnel. Prüfe, ob die Träger die richtige Länge haben, ggf. kürzt du sie. Klappe die Nahtzugaben an den offenen Enden nach innen. Fädle die Enden jeweils in den D-Ring der Karabiner, klappe sie 3 cm um und nähe sie knappkantig fest.

Bequem für Buch und Leser

- SITZSACK FÜR BÜCHER -

MATERIAL

★★☆

Baumwollstoff in Hellgrün mit grünen Sternen, 34 cm x 55 cm ★ Füllwatte ★ farblich passendes Nähgarn

ZUSCHNEIDEN

Die Maße enthalten bereits 1 cm Nahtzugabe, schneide die Stoffteile daher ohne Nahtzugabe zu.

1

Falte den Stoff mittig rechts auf rechts, sodass die kurzen Kanten bündig aufeinanderliegen. Zeichne an der 34 cm langen offenen Kante im Abstand von 5 cm von einer Ecke eine Wendeöffnung an. An der anderen Ecke zeichnest du eine 10 cm lange Wendeöffnung auf der zur Hälfte gelegten Stoffkante an (siehe Foto).

2

Nähe die Stofflagen an den Kanten mit den Markierungen füßchenbreit mit geradem Stich (Stichlänge 2,5 mm) zusammen. Lass dabei die Wendeöffnungen aus.

3

Falte den Stoff an der noch offenen Kante so, dass die Naht mit der 5 cm langen Wendeöffnung senkrecht auf die Mitte der offenen Kante trifft. Falte die Nahtzugaben an der Wendeöffnung auseinander und fixiere sie mit Stecknadeln. Nähe die Stofflagen füßchenbreit zusammen.

4

Wende den Stoff durch die 10 cm lange Wendeöffnung. Lege den Stoff so auf die Arbeitsfläche, dass die zuletzt genähte Kante vor dir liegt. Zeichne mit Schneiderkreide zwei parallele Linien mit 4 cm und 6 cm Abstand zur Kante an.

5

Nähe die Stofflagen an beiden markierten Linien mit geradem Stich ab. Du hast einen 4 cm breiten und einen 2 cm breiten Tunnel genäht.

6

Fülle den 4 cm breiten Tunnel durch die Öffnung in der Mitte auf der Unterseite möglichst fest mit Füllwatte. Nimm dazu immer wenig Watte auf einmal und schiebe sie mit der stumpfen Seite eines Bleistifts hinein.

7

Fülle anschließend den großen Bereich der Buchstütze durch die 10 cm lange Wendeöffnung locker mit Füllwatte. Das „Kissen" sollte etwas nachgeben, wenn du ein Buch drauflegst.

8

Zum Schluss schließt du die Wendeöffnungen mit Matratzenstichen.

TIPP

Wie verwendest du den Sitzsack?

Der kleine Streifen zwischen den Wattebereichen wird nicht gefüllt. Darauf stellst du später dein Buch. Auf dem großen Kissen kann sich dein Buch gemütlich anlehnen, während der fest gefüllte Schlauch vorne verhindert, dass das senkrecht stehende Buch abrutscht. Anstelle eines Buchs kannst du den Sitzsack natürlich auch für ein Tablet verwenden.

Schlafmaske und Zopfgummi

- STYLISH UND GEMÜTLICH -

MATERIAL

★☆☆

Schlafmaske

Baumwollstoff in Helltürkis, 15 cm x 25 cm ★ Frottee oder Fleece in Creme, 15 cm x 25 cm ★ Gummiband in Creme, 1 cm breit, 50 cm lang ★ Stoffmalstift in Schwarz ★ farblich passendes Nähgarn

Zopfgummi

Baumwollstoff in Helltürkis, 14 cm x 50 cm ★ Gummiband, 1 cm breit, 22 cm lang ★ farblich passendes Nähgarn

Schnittmusterbogen B (Schlafmaske)

ZUSCHNEIDEN

Bevor du die Teile für die Schlafmaske zuschneidest, musst du die passende Größe herausfinden. Miss dazu in deinem Gesicht die Strecke von Schläfe zu Schläfe und prüfe, welche Schnittmustergröße dazu passt. Schneide die Stoffteile der Schlafmaske mit 1 cm Nahtzugabe zu. Übertrage alle Markierungen auf die Stoffteile.

Baumwollstoff
1x Maske

Frottee oder Fleece
1x Maske

SCHLAFMASKE

Lege das Maskenteil aus Baumwollstoff mit der rechten Stoffseite nach oben auf die Arbeitsfläche und zeichne die geschlossenen Augen mit dem Stoffmalstift auf.

Lege die beiden Maskenteile rechts auf rechts und fixiere sie mit Stecknadeln. Schiebe ein Ende des Gummibands an der Markierung zwischen die Stofflagen, das andere Ende führst du durch die Wendeöffnung. Nähe die Maskenteile rundherum zusammen, lass die Wendeöffnung aus und achte darauf, dass du das Gummiband in der Wendeöffnung beim Nähen nicht mitfasst.

Knipse die Nahtzugaben an den Rundungen rundherum ein und wende die Schlafmaske. Schiebe die Nahtzugaben an der Wendeöffnung nach innen. Lege die Schlafmaske an und prüfe, wie lang das Gummiband sein muss, damit die Maske bequem am Kopf sitzt. Kürze das Band eventuell etwas.

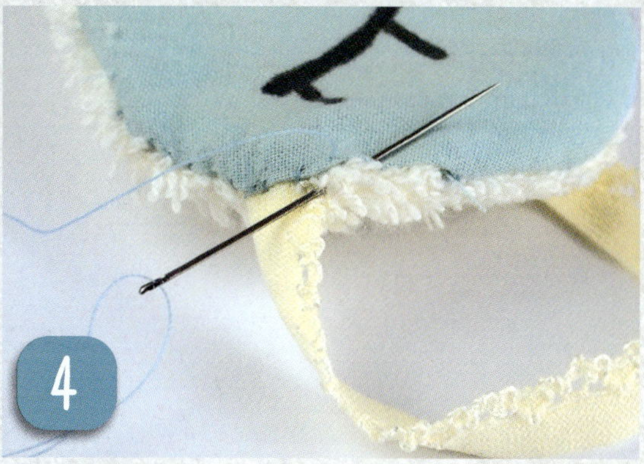

Schiebe das lose Ende des Gummibands in die Wendeöffnung. Schließe die Wendeöffnung mit Überwendlingsstichen, dabei fasst du das Band mit.

ZOPFGUMMI

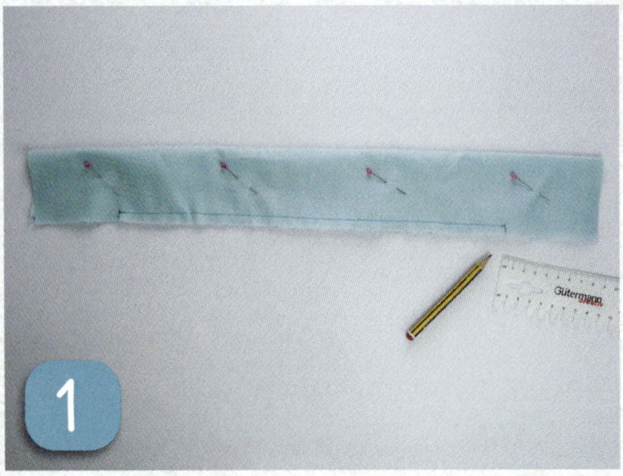

Falte den Stoffstreifen längs rechts auf rechts und fixiere ihn mit Stecknadeln. Zeichne auf jeder Seite 8 cm von der kurzen Kante entfernt an der langen offenen Kante eine Markierung ein. Nähe den Stoff entlang der langen Kante zwischen den Markierungen zusammen.

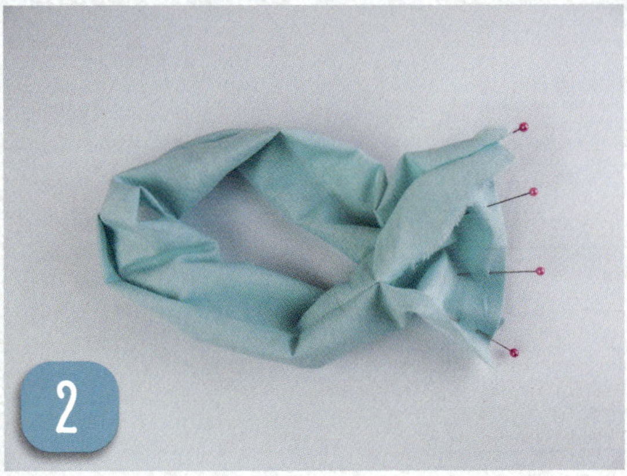

Befestige eine Sicherheitsnadel an einem Ende des Stofftunnels und schiebe sie anschließend durch den Stofftunnel, um das Teil zu wenden. Fixiere die 14 cm langen, offenen Kanten rechts auf rechts mit Stecknadeln, der Stoffschlauch liegt dabei als Ring. Nähe die Kanten füßchenbreit zusammen.

Befestige eine Sicherheitsnadel an einem Ende des Gummibands und ziehe sie durch den Tunnel; das andere Ende hältst du fest, damit es nicht hinterherrutscht. Lege die Enden des Gummibands übereinander und nähe sie mit Zickzackstichen (Stichlänge 2 mm, Stichbreite 3 mm) zusammen.

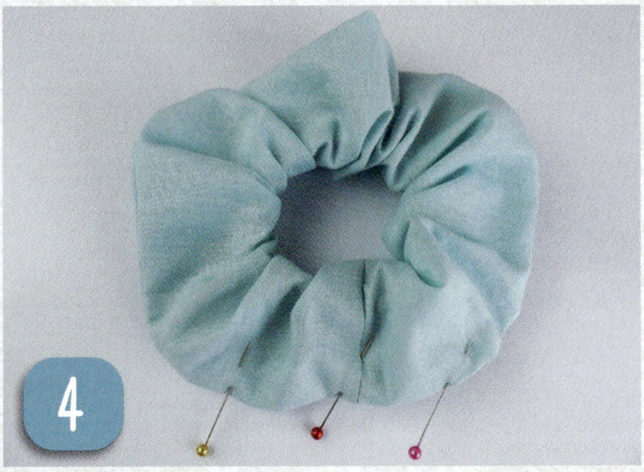

Schiebe die Nahtzugaben an den offenen Kanten 1 cm nach innen und nähe die Öffnung knappkantig zu.

Ideen-Wand

- FUN FASHION -

1. Schnapp dir deine Freundin, Obst und eine Kamera und los geht's!

Klebe hier dein Bild ein:

2. Schneide das Obst entsprechend als Kleidungsstück zu.

SO COOL!

Hier hast du Platz für eigene Notizen!

3. Halte das Obst so vor die Kamera, dass es aussieht, als trage deine Freundin ein Kleidungsstück aus Obst.

4. Anschließend könnt ihr die Kleidung einfach aufessen.

Für mollig warme Finger

- TASCHENWÄRMER -

MATERIAL

★★☆

Für zwei Taschenwärmer

Baumwollstoff in Beige mit Fuchsmotiv, 20 cm x 35 cm ★ Baumwollstoff in Schwarz-Weiß gepunktet, 20 cm x 35 cm ★ Webband mit Igelmotiv, 1,5 cm breit, 30 cm lang ★ farblich passendes Nähgarn ★ 90 g Milchreiskörner oder Dinkelkerne zum Befüllen

Schnittmusterbogen B

ZUSCHNEIDEN

Das Schnittmuster enthält bereits 1 cm Nahtzugaben, schneide die Schnittteile daher ohne Nahtzugabe zu. Übertrage die Markierung für die Wendeöffnung auf den Stoff. Achte beim Ausschneiden des Motivstoffs darauf, dass das Motiv gut im Kreis zu sehen ist. Achte beim Zuschneiden des Webbands darauf, dass schöne Motive zu sehen sind, wenn die Stücke zur Schlaufe gelegt werden (siehe Schritt 1).

Baumwollstoff in Beige mit Fuchsmotiv:
2x Kreis

Baumwollstoff in Schwarz-Weiß gepunktet:
2x Kreis

Webband:
2x 10 cm

TIPP

Nähe gleich mehrere Taschenwärmer aus bunten Stoffresten und verschenke sie an Freunde. Lege die Taschenwärmer auf die Heizung oder in die Mikrowelle (ca. 1–2 Minuten bei mittlerer Leistung). Die warmen Säckchen steckst du in deine Jackentaschen, damit sie deine Hände wärmen, wenn es draußen kalt ist.

Lege jeweils zwei Kreise mit verschiedenem Muster bzw. Motiv rechts auf rechts aufeinander und fixiere die Lagen mit Stecknadeln. Lege die beiden Webbandstücke zur Schlaufe und schiebe sie jeweils mit der Schlaufe nach innen zeigend zwischen die Stofflagen.

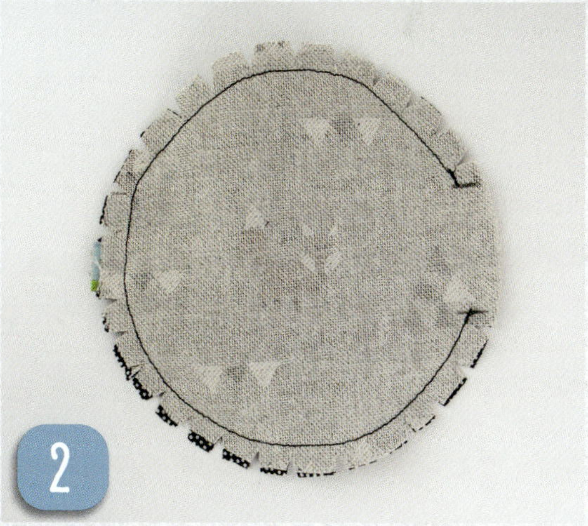

Nähe die Stoffkreise rundherum füßchenbreit mit geradem Stich (Stichlänge 2,5 mm) zusammen, lass dabei eine 5 cm lange Wendeöffnung aus. Knipse die Nahtzugaben rundherum außer im Bereich der Wendeöffnung in kleinen Abständen bis kurz vor die Naht ein, damit sich der Stoff nach dem Wenden schön in Form legt.

3

Wende die Taschenwärmer und befülle sie locker mit Milchreiskörnern oder Dinkelkernen. Das geht zu zweit am besten, indem einer die Öffnung aufhält und der andere die Füllung hineingibt.

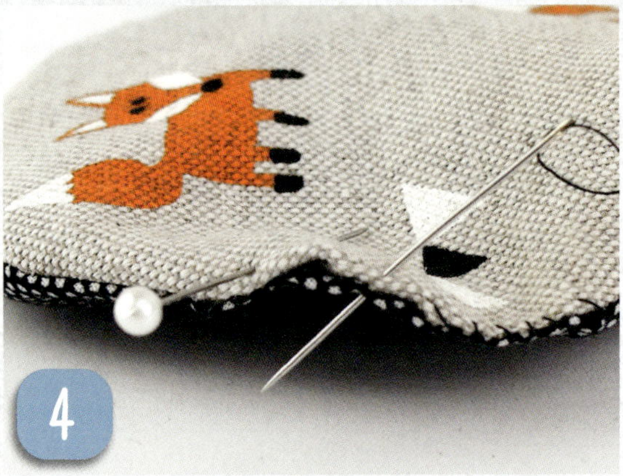

4

Lege die Nahtzugaben an den Wendeöffnungen nach innen und schließe die Öffnungen mit Überwendlingsstichen. Achte darauf, dass du möglichst kleine, enge Stiche setzt, damit die Körner nicht herausrieseln.

Wendepailletten

- PEPPEN JEDES T-SHIRT AUF -

MATERIAL

★★☆

T-Shirt in deiner Größe, Farbe nach Wunsch ★ Wendepaillet-ten-Patch ★ farblich passen-des Nähgarn ★ Wondertape zum Fixieren (optional)

Streiche die Wendepailletten alle in Richtung nach unten. Schlage den überstehenden Stoff am Patch auf links und fixiere ihn mit Stecknadeln. An Rundungen kannst du den Stoff einschneiden, damit du ihn besser umschlagen kannst.

TIPP

Probiere auch andere Patches aus, zum Beispiel mit normalen Pailletten oder Perlen. Oder du schneidest einfach bunte Stoffreste herz- oder sternförmig zu und nähst sie auf.

Lege das Patch in der gewünschten Position auf das Shirt. Als Orientierung kannst du die vordere Mitte im Vorderteil und die Mitte des Patchs markieren und diese dann übereinanderlegen. Fixiere das Wendepailletten-Patch sorgfältig mit Stecknadeln und Wondertape, denn es verrutscht leicht beim Nähen. Schiebe ggf. ein Stück Pappe in das Shirt, damit du nicht aus Versehen das Rückenteil mit feststeckst. Nach dem Fixieren entfernst du die Pappe wieder.

Wende das Shirt auf links und schiebe es so unter die Nähmaschine, dass du die Wendepailletten im Inneren des Shirts von der rechten Stoffseite aus annähst. So kannst du sichergehen, dass du das Rückenteil des Shirts nicht aus Versehen mitnähst. Nähe das Patch rundherum an der Kante mit großen Zickzackstichen (Stichlänge 3,5 mm, Stichbreite 4 mm) an, dabei sticht die Nadel einmal in das Patch und einmal nur in den Shirtstoff.

Mit lässiger Knoten-Optik

- JERSEY-HAARBAND -

MATERIAL

★★☆

Jersey in Altrosa, 140 cm breit, 20 cm ★ farblich passendes Nähgarn ★ Jerseynadel

ZUSCHNEIDEN

Die Maße enthalten bereits 1 cm Nahtzugabe, schneide die Stoffteile daher ohne Nahtzugabe zu.

Jersey:
2x Streifen, 15 cm x 70 cm

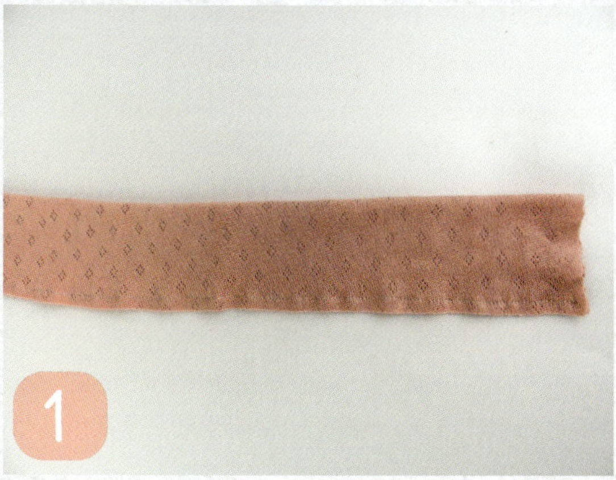

Falte die Jerseystreifen jeweils der Länge nach mittig rechts auf rechts. Fixiere die Lagen mit Stecknadeln und nähe sie an der langen Kante füßchenbreit mit mittleren Jerseystichen zusammen.

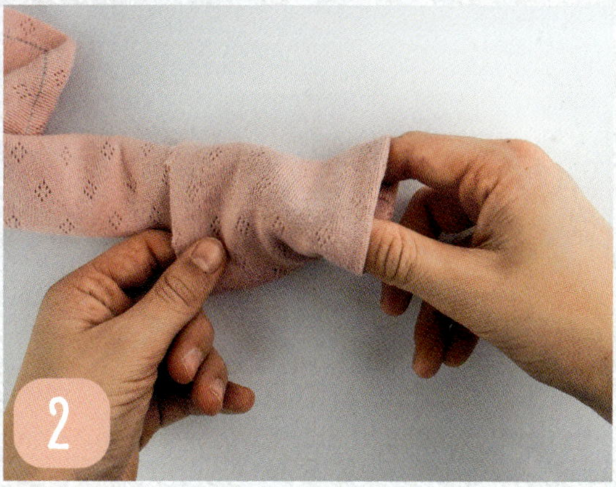

Wende die Stoffschläuche. Stülpe dazu jeweils ein Ende nach außen um und ziehe den Stoff aus dem Inneren des Schlauchs Stück für Stück nach außen.

Falte beide Stoffschläuche mittig, sodass die Nähte innen liegen.

Schiebe einen Schlauch an der Umbruchkante durch den anderen Schlauch.

Lege das Haarband um deinen Kopf, um zu sehen, welche Länge für dich passend ist. Lege anschließend alle vier Enden übereinander und schneide sie in der passenden Länge mit 1 cm Nahtzugabe gleichmäßig ab.

Falte die beiden Stoffschläuche wieder auseinander, sodass die offenen Enden des einen Schlauchs nach links, die Enden des anderen Schlauchs nach rechts zeigen.

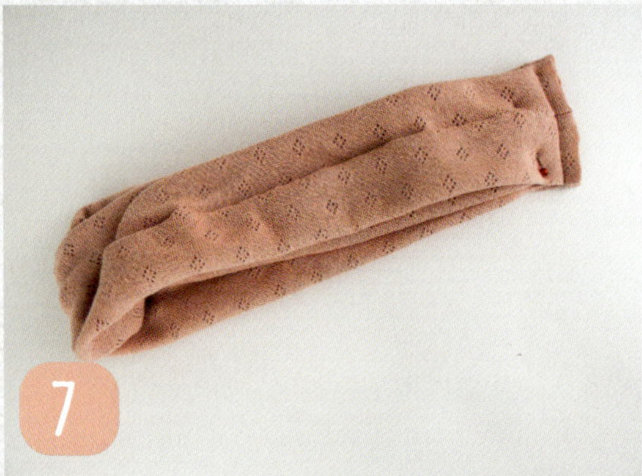

Falte den linken Schlauch über den rechten Schlauch, lege dazu das obere Enden des linken Schlauchs auf das obere Ende des rechten Schlauchs; das untere Ende des linken Schlauchs legst du unter das untere Ende des rechten Schlauchs. Die Enden des rechten Schlauches liegen jetzt zwischen denen des ehemals linken Schlauchs. Nähe alle Lagen an den offenen Kanten füßchenbreit zusammen.

Wenn du jetzt die Schläuche wieder auseinanderfaltest, liegt die Naht innen zwischen zwei Stofflagen.

Top oder Kleid

- MIT SPAGHETTITRÄGERN -

MATERIAL

★☆☆

Top

Jersey in Blau-Rot-Türkis geringelt, 140 cm breit, 40 cm (Größe 122–134), 50 cm (Größe 140–158) ★ Chiffonband in Hellblau, 10 mm breit, 1,10 m lang ★ farblich passendes Nähgarn

Kleid

Baumwollstoff in Gelb mit Elefantenmuster, 110 cm breit, 80 cm (Größe 122–134), 1 m (Größe 140–158) ★ Satinband, 40 mm breit, 2,20 m lang ★ farblich passendes Nähgarn

Schnittmusterbogen D (Top) und A (Kleid)

ZUSCHNEIDEN

Die Schnittmuster enthalten bereits Naht- und Saumzugaben; schneide die Stoffteile daher ohne Naht- und Saumzugabe zu (Auflageplan siehe Schnittmusterbogen). Übertrage alle Markierungen auf die Stoffteile.

TOP

Jersey
2x Vorder- und Rückenteil (im Stoffbruch)

Satinband
1x Träger (Länge siehe Tabelle)

KLEID

Jersey
2x Kleid (im Stoffbruch)

Satinband
2x Träger (Länge siehe Tabelle)

Trägerlänge

122	84 cm
128	87 cm
134	90 cm
140	93 cm
146	96 cm
152	99 cm
158	102 cm

TOP

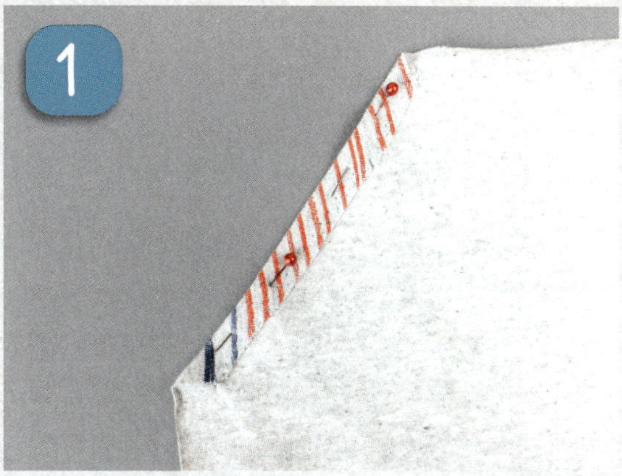

Schlage die schrägen Kanten am Vorderteil und Rückenteil 1 cm auf links, fixiere sie mit Stecknadeln und nähe sie knappkantig mit Zickzackstichen fest (Stichlänge 3 mm, Stichbreite 2,5 mm).

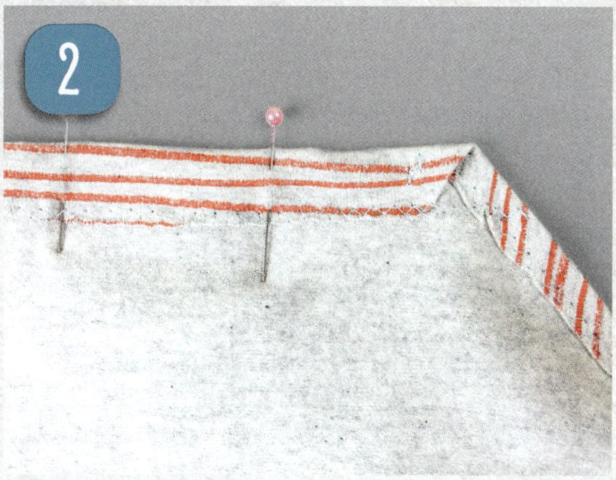

Schlage die Oberkante von Vorderteil und Rückenteil 2 cm auf links, fixiere sie mit Stecknadeln und nähe sie knappkantig mit Zickzackstichen an. Das ergibt den Tunnel für das Band. Du kannst bis zur schrägen Kante weiternähen, dann sieht man auf der rechten Stoffseite eine durchgehende Naht.

Lege Vorder- und Rückenteil rechts auf rechts, fixiere die Lagen mit Stecknadeln und schließe die Seitennähte füßchenbreit mit Zickzackstichen, dabei ist der äußere Einstich bei 1 cm und entspricht der Nahtzugabe. Bügele die Nahtzugaben ins Rückenteil.

Schlage den Saum 2 cm auf links, fixiere ihn mit Stecknadeln und nähe ihn knappkantig mit Zickzackstichen an.

Schneide das Band auf die angegebene Länge zurecht (siehe Tabelle S. 137) und zieh es mithilfe einer Sicherheitsnadel durch die Tunnel an der Oberkante von Vorder- und Rückenteil.

Verknote das Band provisorisch mit 5 cm Abstand von den Enden, prüfe die Trägerlänge, öffne den Knoten wieder und passe die Länge ggf. an. Wenn die Träger die passende Länge haben, verknotest du das Band.

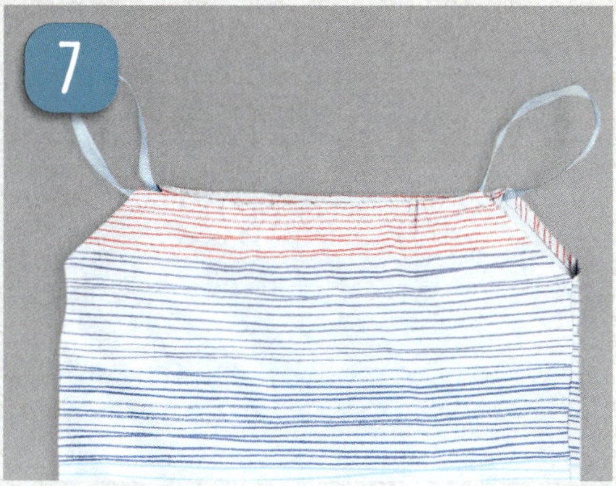

Schiebe den Knoten in das Rückenteil, damit er unsichtbar ist.

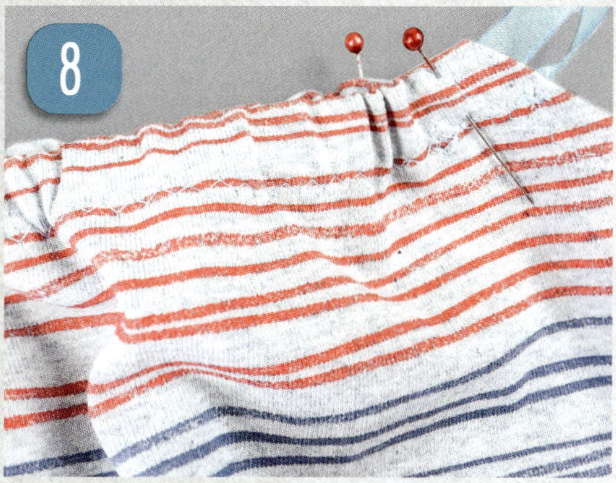

Damit die Träger nicht verrutschen, kannst du sie festnähen. Dazu probierst du das Top an und schiebst Vorder- und Rückenteil so auf die Träger, wie es dir gefällt. Fixiere das Band mit Stecknadeln und nähe es an den Tunnelenden mit einigen Stichen fest.

TIPP

Bunte Bindebänder sind tolle Hingucker! Du kannst sie auch aus Stoffresten selbst machen: Schneide den Stoff doppelt so breit wie die fertige Breite zu, lege den Streifen längs rechts auf rechts und nähe ihn an der langen und einer kurzen Seite zusammen. Wende den Streifen mithilfe einer Sicherheitsnadel, schließe die Wendeöffnung knappkantig und fertig ist das Band!

KLEID

Versäubere an den Stoffteilen alle Kanten mit Zickzackstichen (Stichlänge und Stichbreite 2,5 mm). Schlage die schrägen Kanten am Vorderteil und Rückenteil 1 cm auf links, fixiere sie mit Stecknadeln und nähe sie knappkantig mit geraden Stichen fest (Stichlänge 3 mm).

Schlage die Oberkante von Vorderteil und Rückenteil 3 cm auf links, fixiere sie mit Stecknadeln und nähe sie knappkantig an. Das ergibt den Tunnel für die Träger. Steppe den Tunnel mit 1 cm Abstand parallel zur Saumkante ab.

Lege Vorder- und Rückenteil rechts auf rechts, fixiere die Lagen mit Stecknadeln und schließe die Seitennähte füßchenbreit. Bügle die Nahtzugaben ins Rückenteil. Schlage den Saum 2 cm auf links, fixiere ihn mit Stecknadeln und nähe ihn knappkantig fest.

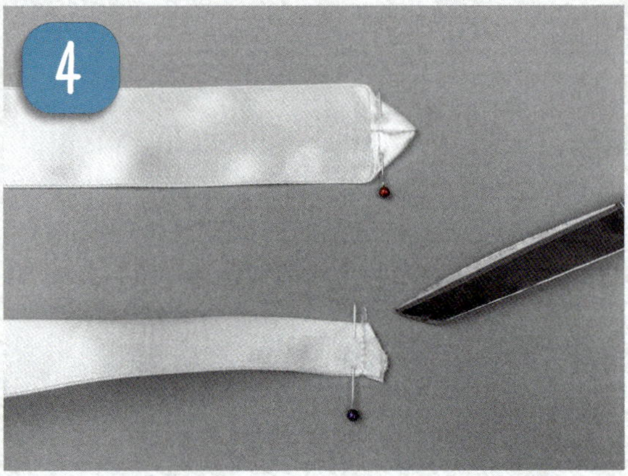

Zieh einen Träger mithilfe einer Sicherheitsnadel durch den Tunnel im Vorderteil, den anderen Träger ziehst du durch den Tunnel im Rückenteil. Raffe Vorder- und Rückenteil nach Wunsch und nähe die Träger jeweils am Anfang und Ende des Tunnels mit einigen Stichen fest. Lege die Trägerenden längs links auf links und nähe die kurze Kante füßchenbreit ab. Schneide die Ecke zurück, wende das Band und nähe das Dreieck knappkantig ab. Alternativ kannst du die Trägerenden auch einfach verknoten.

Alles allzeit griffbereit!

- UTENSILO FÜR DIE BETTKANTE -

MATERIAL

★★☆

Baumwollstoff in Blau, 140 cm breit, 55 cm ★ Baumwollstoff in Grün-Weiß gepunktet, 55 cm x 50 cm ★ dünne wattierte Vlieseinlage zum Aufbügeln (z. B. Vlieseline® H640), 90 cm breit, 55 cm ★ farblich passendes Nähgarn

ZUSCHNEIDEN

Alle Maße enthalten bereits 1 cm Nahtzugabe, schneide die Stoffteile daher ohne Nahtzugabe zu.

Baumwollstoff in Blau:
1x Rechteck, 50 cm x 45 cm
1x Rechteck, 50 cm x 43 cm
2x Rechteck, 26 cm x 45 cm

Baumwollstoff in Grün-Weiß gepunktet:
1x Rechteck, 32 cm x 45 cm

Vlieseinlage:
1x Rechteck, 50 cm x 45 cm
1x Rechteck, 16 cm x 45 cm

Bügle das 16 cm x 45 cm große Stück Vlieseinlage bündig an einer 45 cm langen Kante auf die linke Stoffseite des grünen Stoffs; es bedeckt nur die Hälfte des Stoffteils (siehe Foto). Das größere Stück Vlieseinlage bügelst du auf die linke Stoffseite des gleich großen Stück blauen Stoffs. Lass dir dabei von einem Erwachsenen helfen.

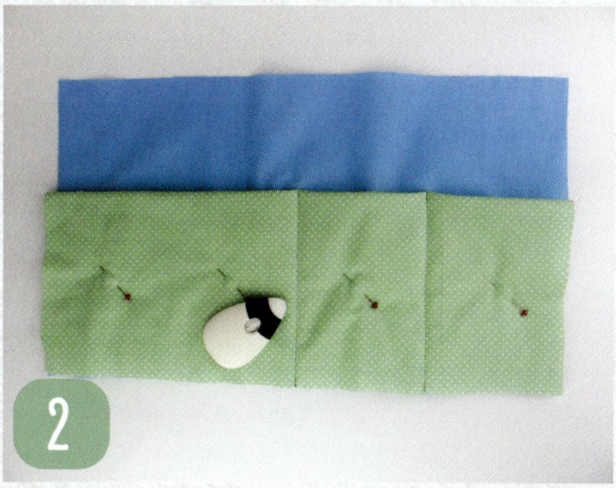

Falte den grünen Stoff mittig links auf links mit den 45 cm langen Kanten bündig aufeinander. Stecke den Stoff mit Stecknadeln rechts auf rechts auf ein 26 cm x 45 cm großes Stück blauen Stoffs; die offenen Kanten liegen bündig an einer 45 cm langen Kante. Zeichne auf dem grünen Stoff mit Kreidestift im Abstand von 23 cm und 13 cm von einer schmalen Kante Linien an. Nähe alle Stofflagen entlang der Linien mit geradem Stich (Stichlänge 2,5 mm) zusammen.

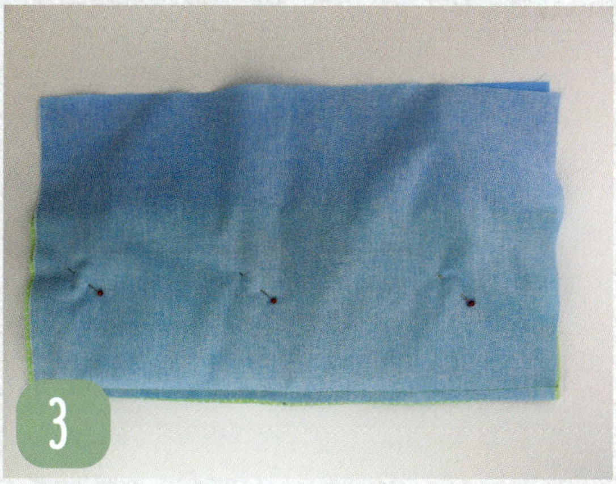

Lege das zweite 26 cm x 45 cm große blaue Stoffteil rechts auf rechts auf das Utensilo und fixiere es mit Stecknadeln. Nähe alle Stofflagen an der 45 cm langen Kante füßchenbreit zusammen.

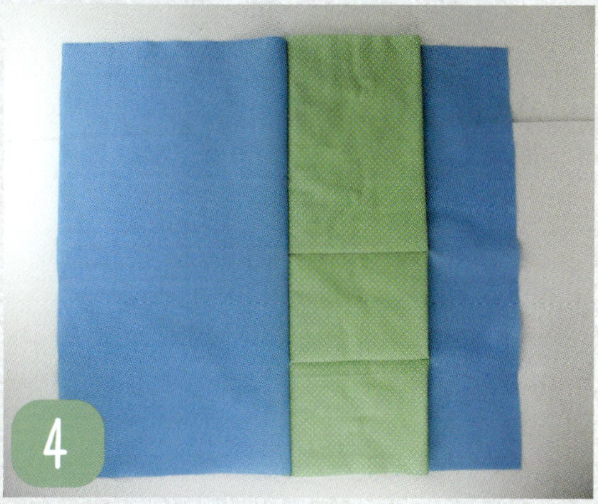

Klappe den zuoberst liegenden Stoff auf, sodass alle rechten Stoffseiten obenauf liegen. Der grüne Stoff für die Außentaschen ist jetzt unten geschlossen.

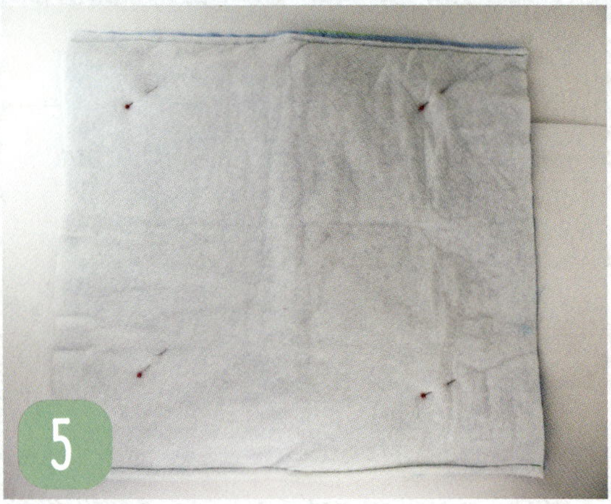

Lege das mit Vlies bebügelte, 50 cm x 45 cm große blaue Stoffstück rechts auf rechts auf die zusammengenähten Stoffe. Nähe alle Stofflagen an den beiden 50 cm langen Seitenkanten zusammen.

Das Utensilo am Bett befestigen

Um das Utensilo am Bett zu befestigen, hängst du es an der gewünschten Stelle mit den Taschen nach außen über den Bettrahmen. Die einlagige Stofflasche schiebst du hinter den Rahmen und klemmst ihn unter der Matratze fest. Durch den Druck der Matratze auf den Stoff wird das Utensilo gehalten.

Versäubere das 50 cm x 43 cm große Stoffteil rundherum mit Zickzackstichen (Stichlänge 3 mm, Stichbreite 4 mm).

Lege das versäuberte Teil mit einer 43 cm breiten Kante rechts auf rechts bündig an die obere offene Kante des Utensilos. Falte den versäuberten Stoff etwas zusammen, damit du im nächsten Schritt genügend Platz zum Falten des Utensilos hast.

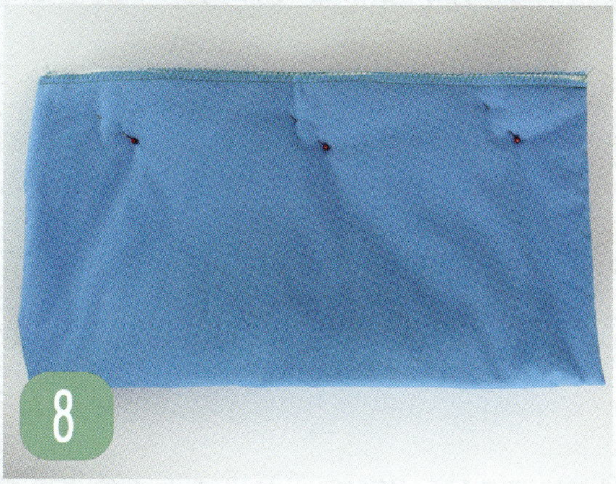

Falte die untere Kante des Utensilos rechts auf rechts nach oben, sodass die Taschen innen und alle offenen Kanten bündig liegen. Fixiere die Lagen mit Stecknadeln und nähe sie füßchenbreit zusammen. Versäubere anschließend die Nahtzugaben mit breiten Zickzackstichen (Stichlänge 3 mm, Stichbreite 4 mm breit).

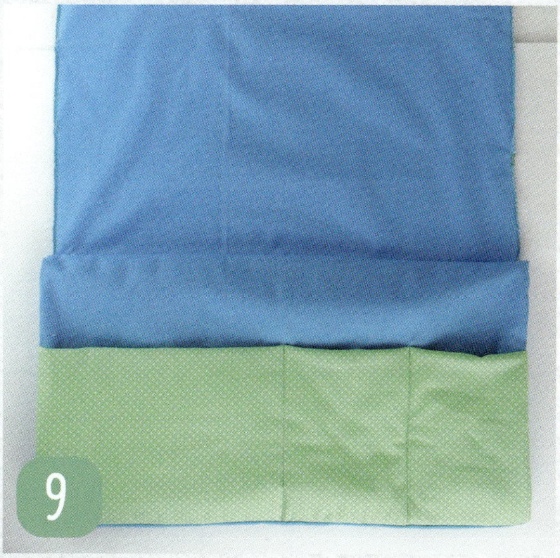

Wende das Utensilo, sodass die Taschen wieder außen liegen. Du kannst nun die Taschen befüllen, aber auch etwas in dem Eingriff zwischen den blauen Stoffen aufbewahren.

Strandtunika

- AUS LUFTIGEM BAUMWOLLPRINT -

ZUSCHNEIDEN

Klebe vor dem Zuschneiden das obere und das untere Papierschnittmuster der Tunika zusammen. Die Schnittmuster enthalten bereits Naht- und Saumzugaben; schneide die Stoffteile daher ohne Naht- und Saumzugabe zu (Auflageplan siehe Schnittmusterbogen). Übertrage alle Markierungen auf die Stoffteile. Markiere am Halsausschnitt die vordere und hintere Mitte auf der Tunika und auf dem Beleg.

Baumwollstoff
1x Tunika (im Stoffbruch)
1x Beleg (im Stoffbruch)

Vlieseinlage
2x Beleg (im Stoffbruch)

MATERIAL

★★☆

leichter Baumwollstoff in Rot-Orange gemustert, 110 cm breit, 1,30 m (Größe 122–140), 1,40 m (Größe 146–158) ★ dünne Vlieseinlage zum Aufbügeln (z. B. Vlieseline® H 200), 10 cm x 10 cm ★ vorgefalztes Schrägband in Orange, 40 mm breit, 1,50 m ★ Pomponborte in Rot, 3 m lang ★ 2 Quasten in Rot, 9 cm lang ★ farblich passendes Nähgarn

Schnittmusterbogen A

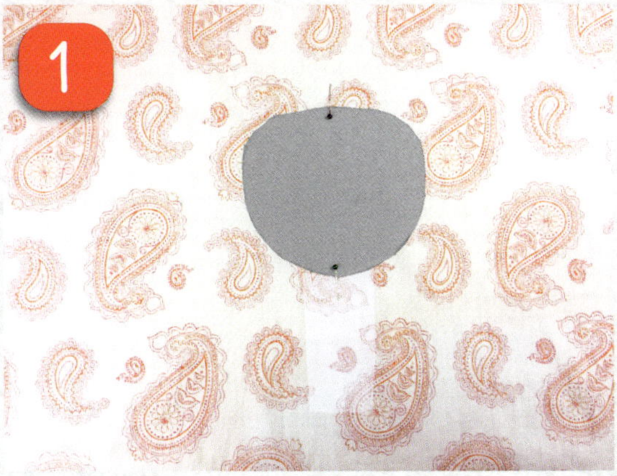

Bügle die Vlieseinlage gemäß Herstelleranleitung auf die linke Stoffseite des Belegs und auf die linke Stoffseite der Tunika im Bereich der vorderen Mitte.

Versäubere am Beleg die seitlichen Kanten und die untere Kante mit Zickzackstichen (Stichlänge und Stichbreite 2,5 mm). Zeichne auf den Beleg senkrecht eine Linie von der Oberkante bis 2 cm vor die Unterkante. Fixiere den Beleg rechts auf rechts mit Stecknadeln auf dem Vorderteil und nähe ihn füßchenbreit um die Linie herum an. Schneide den Stoff entlang der Linie ein, 1,5 cm vor der unteren Quernaht schneidest du schräg zu den Ecken hin, sodass ein Dreieck entsteht.

Wende den Beleg nach innen und bügle den Ausschnitt, sodass die Kanten schön glatt liegen. Fixiere den Beleg mit Stecknadeln und nähe ihn knappkantig fest.

Klappe das Schrägband auf und fixiere es rechts auf links am Halsloch; beginne mit der Mitte des Schrägbands an der hinteren Mitte des Halslochs und arbeite dich bis zum Ausschnitt vor. Überstehendes Band lässt du hängen. Nähe das Schrägband am Halsloch an.
Bügle die Naht oder streiche sie mit dem

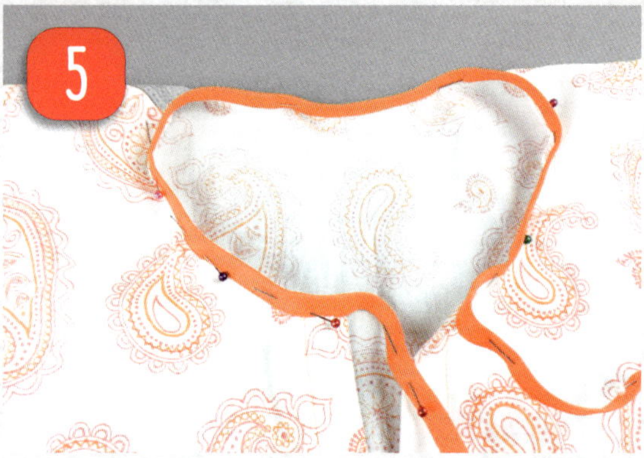

Daumennagel aus. Klappe das Schrägband ein, lege es um das Halsloch und fixiere es von der rechten Stoffseite aus mit Stecknadeln. Fixiere auch die Bindebänder mit Stecknadeln. Nähe das Schrägband knappkantig fest, beginne dabei an einem Bindebandende und nähe einmal rundherum zum anderen Ende. Die Enden der Bänder kannst du verknoten.

Schlage die Seitenkanten zweimal je 1 cm auf links, fixiere den Umschlag mit Stecknadeln und nähe ihn knappkantig an. Anschließend schlägst du die obere und untere Stoffkante zweimal je 1 cm auf links und nähst sie knappkantig fest.

Schneide zwei 1,50 m lange Stücke Pomponborte zurecht. Fixiere die Borte jeweils auf der rechten Stoffseite an den beiden Seitenkanten mit Stecknadeln. An den Enden schlägst du die Pomponborte nach innen und kürzt die Bänder in der Länge. Lege anschließend die Seite mit der Pomponborte nach unten und nähe sie mittig von der linken Stoffseite aus fest. Das geht am einfachsten mit einem Reißverschlussfuß, dann kommst du besser an den Pompons vorbei.

Die Quasten nähst du von Hand an das Ende der Bindebänder. Je nach Länge der Quasten kannst du die Bindebänder vorher kürzen: Ideal ist, wenn die Bänder mit Quaste nicht länger als die Tunika sind.

Foldover-Rucksack

- TRENDIGER BEGLEITER -

MATERIAL

★★★

fester Baumwollstoff in Hellblau, 120 cm breit, 35 cm ★ Baumwollstoff in Blau-Weiß geringelt, 120 cm breit, 70 cm ★ dünnes Volumenvlies (z. B. Vlieseline® H 640), 80 cm breit, 40 cm ★ Gurtband in Hellbraun, 25 mm breit, 2,20 m lang ★ Gummiband in Weiß, ø 2 mm, 8 cm lang ★ 2 Leiterschnallen in Silber, 25 mm breit ★ 2 D-Ringe in Silber, 25 mm breit ★ Ösenknopf in Blau, ø 15 mm ★ Bügelmotiv „Blume“ ★ farblich passendes Nähgarn

ZUSCHNEIDEN

Baumwollstoff in Hellblau
2x Taschenteil, 30 cm x 20 cm

Baumwollstoff in Blau-Weiß geringelt
2x Taschenteil, 30 cm x 36 cm
2x Futterteil, 30 cm x 54 cm

Volumenvlies
2x Taschenteil, 30 cm x 54 cm

Gurtband
2x Bodenschlaufe, 15 cm lang
2x Tragegurt, 95 cm lang

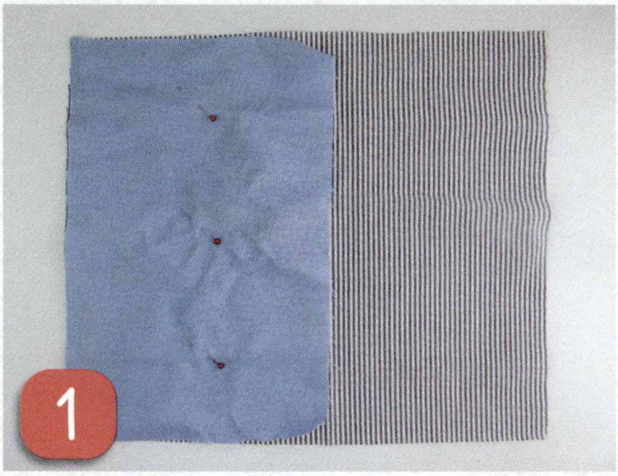

Lege jeweils ein hellblaues Taschenteil und ein kleines geringeltes Taschenteil (36 cm x 30 cm) an einer 30 cm langen Kante bündig rechts auf rechts. Fixiere die Stofflagen mit Stecknadeln und nähe sie an der Kante zusammen. Wiederhole den Schritt mit den beiden anderen Taschenteilen.

Falte die Stoffe auseinander und bügle die Naht. Lass dir dabei von einem Erwachsenen helfen. Anschließend bügelst du die Vliesteile nach Herstelleranleitung auf die Rückseite der zusammengesetzten Stoffteile.

Ziehe jeweils einen D-Ring auf die 15 cm langen Gurtbänder für die Bodenschlaufen. Lege die Bänder mittig zur Schlaufe und fixiere sie mit den offenen Kanten an der Unterkante des hellblauen Stoffs; der Abstand zu den Seitenkanten beträgt jeweils 6 cm. Nähe die Gurte wie abgebildet mit einem Rechteck und Kreuz fest.

Ziehe auf jeder Seite einen Tragegurt durch einen D-Ring. Fädle die Gurtenden anschließend jeweils durch eine Öffnung der Leiterschnallen, falte sie um den äußeren Leiterschnallensteg und nähe sie mit geraden Stichen fest. Das andere Ende des Gurtbands ziehst du auf die Leiterschnalle.

Fixiere die anderen Enden der Tragegurte mit 6 cm Abstand zu den Seiten und 16 cm Abstand zu der oberen Kante des Stoffteils wie auf dem Foto auf dem geringelten Stoff fest; achte darauf, dass die Gurte nicht verdreht sind. Nähe die Gurtenden mit einem Quadrat und Kreuz fest.

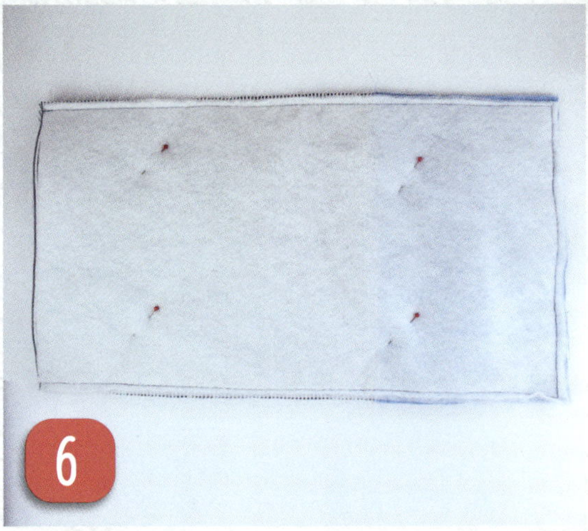

Jetzt legst du die zusammengesetzten Taschenteile rechts auf rechts, fixierst sie mit Stecknadeln und nähst sie an den Seiten und am Boden füßchenbreit zusammen. Nähe die beiden geringelten Futtertaschenteile (30 cm x 54 cm) genauso zusammen.

Ziehe bei der Außentasche und bei der Futtertasche die Stofflagen jeweils auseinander und lege an den unteren Ecken die Seitennähte jeweils rechts auf rechts auf die Bodennähte. Zeichne eine Linie im Abstand von 4,5 cm zu den Ecken und nähe die Ecken entlang der Linie ab.

Schneide die abgenähten Bodenecken bis auf 1 cm Nahtzugabe zurück.

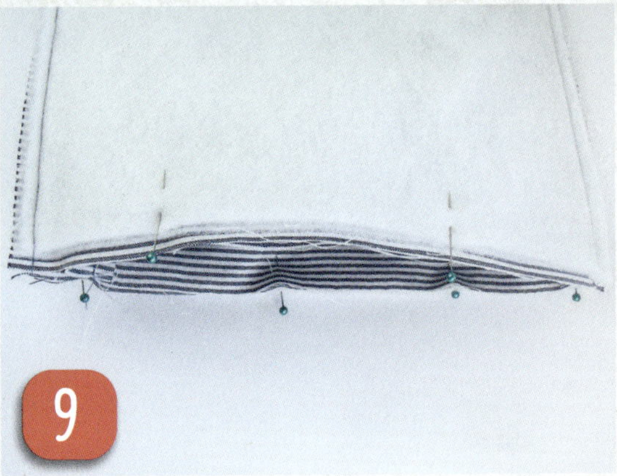

9

Wende die Futtertasche auf rechts, schiebe sie in die Außentasche, lege die offenen Kanten bündig aufeinander und fixiere sie mit Stecknadeln. Zeichne an dem Außentaschenteil ohne Tragegurte mittig eine 10 cm lange Wendeöffnung ein. Nähe die Stoffe rundherum zusammen, die Wendeöffnung lässt du aus.

10

Wende den Rucksack durch die Öffnung, sodass die Außentasche außen liegt. Schiebe die Nahtzugaben an der Wendeöffnung 1 cm breit nach innen. Lege das Gummiband zur Schlaufe und schiebe es dazwischen. Die Öffnung nähst du knappkantig zu, das Gummiband wird dabei mitgefasst.

11

Nähe den Knopf mittig an die rückwärtige obere Kante des Außenstoffs. Dazu stichst du von unten durch den Stoff, schiebst die Nadel durch die Öse und stichst dicht neben der Ausstichstelle wieder durch den Stoff zurück. Wiederhole den Schritt mehrmals und verknote dann die Fadenenden miteinander.

12

Zuletzt bügelst du das Blumenmotiv nach Herstelleranleitung auf die Vorderseite deines Rucksacks. Lass dir dabei von einem Erwachsenen helfen.

Aus flauschigem Teddyjersey

– WÄRMFLASCHENBEZUG –

MATERIAL

Große Wärmflasche ★★☆

Teddyjersey in Wollweiß, 45 cm x 75 cm ★ Baumwollstoff in Hellrot gemustert, 15 cm x 15 cm ★ Vliesofix®, 15 cm x 5 cm ★ farblich passendes Nähgarn ★ Jerseynadel

Kleine Wärmflasche ★★☆

Jersey in Blau-Weiß gemustert, 35 cm x 65 cm ★ farblich passendes Nähgarn ★ Jerseynadel

Schnittmusterbogen D

ZUSCHNEIDEN

Leg deine Wärmflasche zunächst auf die beiden Vorderteile des Schnittmusters für die große und die kleine Wärmflasche auf dem Schnittmusterbogen. Prüfe, ob ein Schnitt davon passt. Falls deine Wärmflasche eine andere Größe hat, kannst du dir selbst ein Schnittmuster herstellen (siehe S. 159). Schneide alle Teile mit 1 cm Nahtzugabe zu. Das Herz aus Baumwollstoff für den großen Bezug wird in Schritt 1–2 zugeschnitten.

GROSSER WÄRMFLASCHENBEZUG

Teddyjersey:
1x Vorderteil
1x oberes Rückteil
1x unteres Rückteil

KLEINER WÄRMFLASCHENBEZUG
1x Vorderteil
1x oberes Rückteil
1x unteres Rückteil

Bügle für den großen Wärmflaschenbezug das Vliesofix® mithilfe eines Erwachsenen auf die linke Stoffseite des Baumwollstoffs. Übertrage mithilfe der Vorlage das Herz auf das Trägerpapier. Schneide das Herz aus und zieh das Trägerpapier ab.

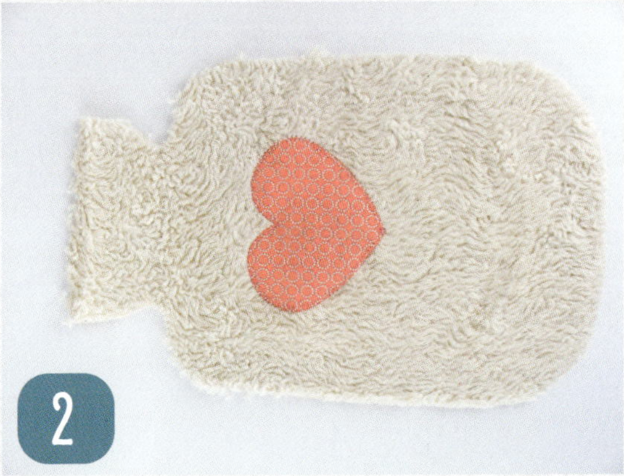

Bügle das Herz mittig auf die rechte Seite des Vorderteils. Nähe es anschließend rundherum mit breiten Zickzackstichen (Stichlänge 2 mm, Stichbreite 3 mm) an.

Das Herz ist aufgenäht?
Super, das war nicht leicht!

Klappe für den großen und den kleinen Bezug die Oberkante des unteren Rückteils erst 1 cm und dann noch mal 4 cm auf die linke Stoffseite. Am oberen Rückteil klappst du Unterkante und Oberkante 1 cm auf links. Fixiere die Umschläge mit Stecknadeln und nähe sie mit breiten Zickzackstichen (Stichlänge 3 mm, Stichbreite 4 mm) fest.

Falte die obere Kante des Vorderteils ebenfalls 1 cm auf links und nähe den Umschlag mit breiten Zickzackstichen fest.

5

Lege das Vorderteil mit der rechten Stoffseite nach oben auf die Arbeitsfläche. Nun legst du zunächst das obere Rückteil bündig rechts auf rechts auf das Vorderteil, anschließend das untere Rückteil. Fixiere die Lagen mit Stecknadeln und nähe die Stoffe an den Seiten und am Boden mit mittleren Jerseystichen zusammen. Knipse die Nahtzugaben an den Rundungen etwas ein. Wende den Bezug und schiebe die Wärmflasche durch die Öffnung auf der Rückseite hinein.

TIPP

Du kannst an dem Verschluss auch einen oder zwei Druckknöpfe anbringen, dann bleiben die Stoffe dort schön aufeinander liegen.

DIE SCHNITTMUSTER SELBST MACHEN

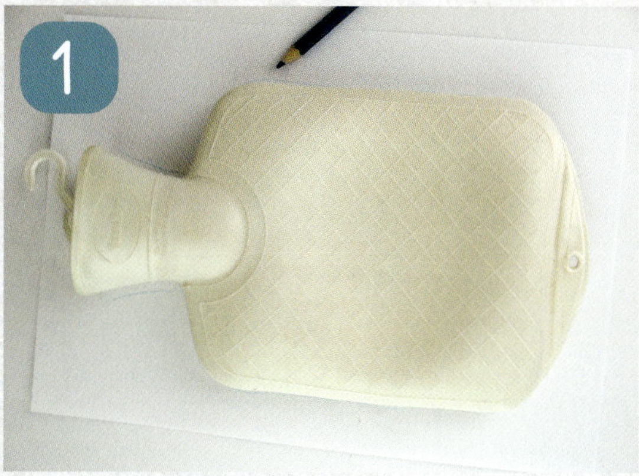

Hat deine Wärmflasche eine andere Größe als die der Schnittmuster, kannst du ein Schnittmuster selbst machen. Lege dazu die Wärmflasche auf ein Blatt Papier und umrande sie mit einem Bleistift. Das ist das Schnittmuster für das Vorderteil. Schneide das Schnittmuster aus.

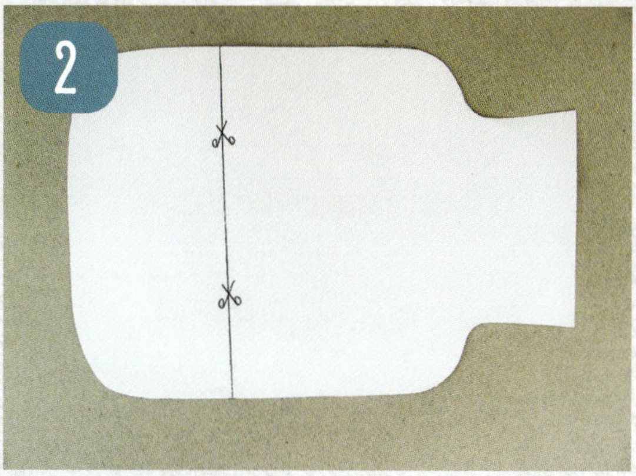

Für das rückwärtige Schnittmuster wiederholst du Schritt 1. Anschließend misst du die Länge des Schnittmusters und teilst das Maß durch drei. Die durch drei geteilte Länge misst du von der unteren Kante aus nach oben ab und zeichnest dort eine waagerechte Linie ein. Zerschneide das Schnittmuster entlang der Trennungslinie.

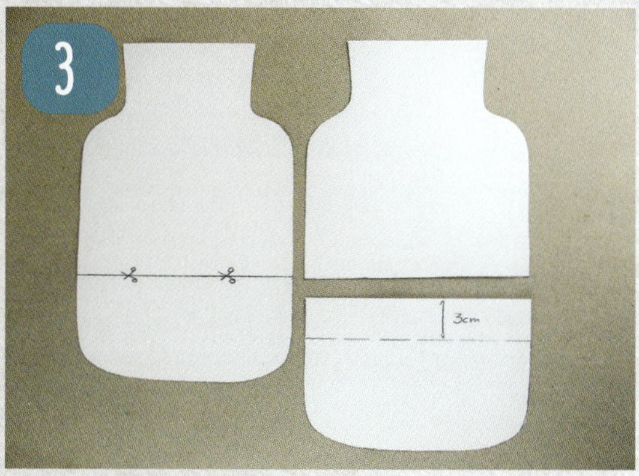

Lege das untere Rückteil auf ein Blatt Papier und umrande es erneut mit Bleistift, dabei zeichnest du die obere Kante jedoch im Abstand von 3 cm von der alten Oberkante ein. So erhältst du den Saumzuschlag für den Hotelverschluss. Schneide die Stoffteile anschließend nach der Zuschneideübersicht (siehe Seite 156) zu.

Handschuhe

– MASSGEFERTIGT UND SELBST DESIGNT –

MATERIAL

★★☆

Sweatshirtstoff in Weiß mit Punkten in Gold, 25 cm x 80 cm ★ Nicki in Hellblau, 25 cm x 80 cm ★ Bündchenware in Rauchblau, 15 cm x 50 cm ★ Baumwollwebband in Beige-Weiß kariert, 15 mm breit, 50 cm lang ★ 2 Holzknöpfe, ø 2 cm ★ farblich passendes Nähgarn

ZUSCHNEIDEN

Stelle für die maßgefertigten Handschuhe zunächst ein Schnittmuster her. Dazu legst du eine Hand flach auf ein Stück Papier, das Handgelenk liegt dabei bündig an einer Papierkante. Spreize den Daumen etwas ab, die anderen Finger legst du locker nebeneinander. Umfahre die Hand nun in 1 cm Abstand zu den Fingern mit einem Bleistift. Scheide das Schnittmuster mit einer Papierschere aus.

Für die Bündchenlänge misst du die untere (gerade) Kante des Handschuhschnittmusters und multiplizierst das Maß mit 1,4.

Schneide alle Teile mit 5 mm Nahtzugabe zu.

Sweatshirtstoff
4x Handschuh (2x normal,
2x spiegelverkehrt zuschneiden)

Nicki
4x Handschuh (2x normal,
2x spiegelverkehrt zuschneiden)

Bündchenware
2x Bündchen, 14 cm x Bündchenlänge

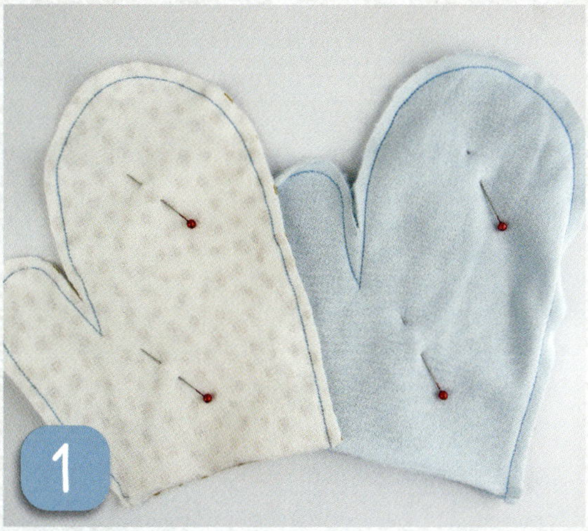

Lege immer zwei Handschuhteile aus demselben Stoff rechts auf rechts, fixiere die Stofflagen und nähe sie rundherum mit 5 mm Nahtzugabe zusammen, die untere (gerade) Kante lässt du offen. Du erhältst zwei Außen- und zwei Innenhandschuhe.

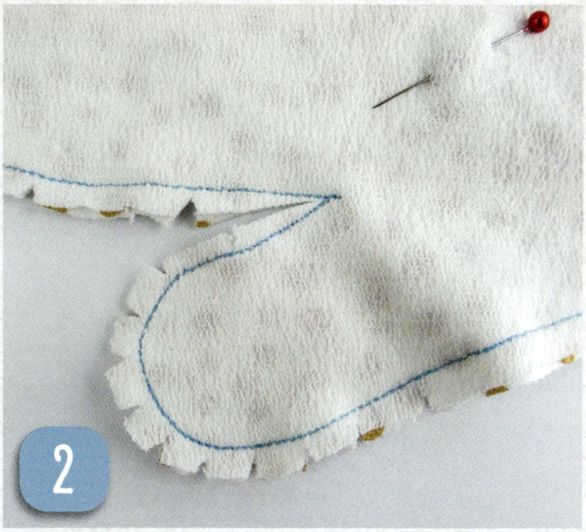

Knipse an allen Handschuhen die Nahtzugaben an den Rundungen bis kurz vor die Naht ein. Zwischen Finger- und Daumenteil schneidest du die Nahtzugaben bis dicht vor die Naht spitz ein, damit du den Daumen später schön bewegen kannst.

Wende die Außenhandschuhe, sodass die rechte Stoffseite außen ist. Schiebe die Außenhandschuhe jeweils links auf links auf einen Innenhandschuh, sodass die offenen Kanten bündig aufeinanderliegen.

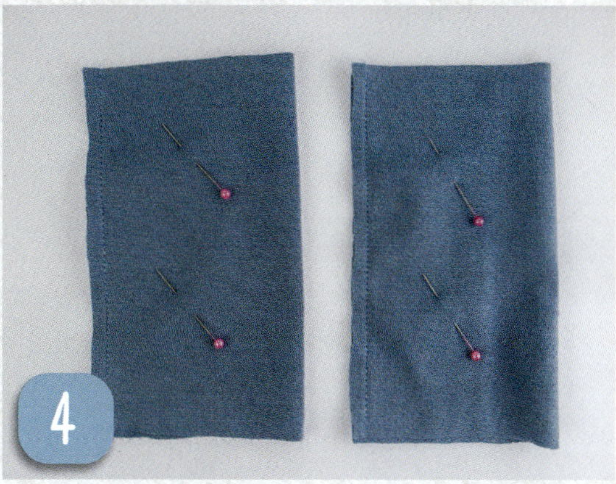

Falte die Bündchenteile jeweils rechts auf rechts, sodass die 14 cm langen Kanten aufeinanderliegen. Steppe die Lagen an der langen offenen Kante mit 5 mm Nahtzugabe zusammen.

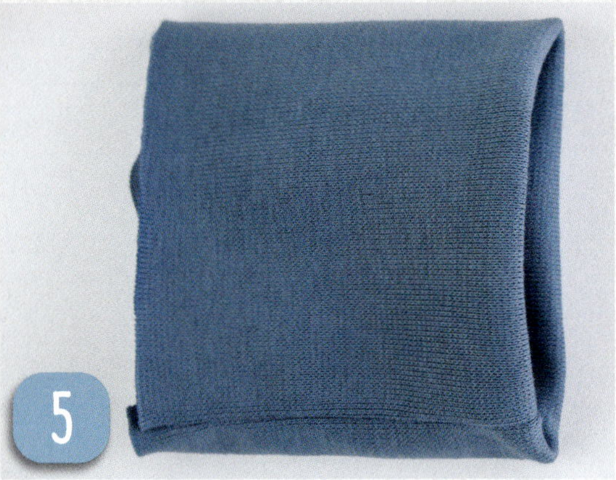

Stülpe nun jeweils eine offene Kante der Bündchen auf die andere offene Kante, sodass jeweils ein Ring entsteht und die Bündchen nur noch halb so breit sind; die rechten Stoffseiten liegen außen.

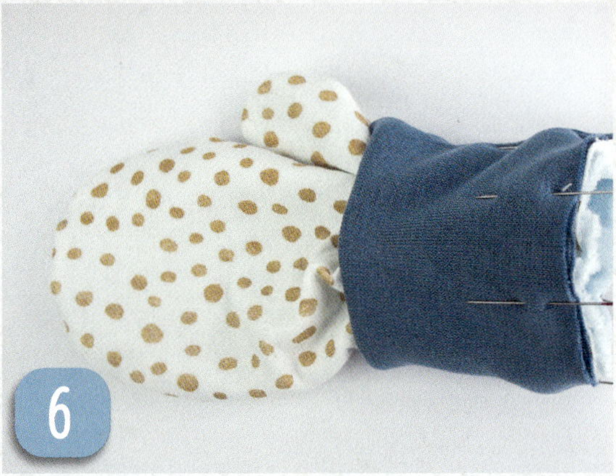

Schiebe jeweils ein Bündchen über einen Handschuh, sodass alle offenen Kanten aufeinanderliegen, und fixiere die Lagen mit Stecknadeln. Nähe die Stofflagen an den offenen Kanten mit 5 mm Nahtzugabe zusammen. Um die Nahtzugaben schön zusammenzufassen, kannst du sie mit breiten Zickzackstichen (Stichlänge 4 mm, Stichbreite, 4 mm) versäubern.

Schneide zwei 25 cm lange Stücke Webband zurecht. Lege die Bänder zu Schleifen und platziere mittig darauf jeweils einen Knopf. Lege die Schleifen mit den Knöpfen jeweils auf die Naht zwischen Handschuh und Bündchen und nähe sie fest. Achte darauf, einen Handschuh dabei spiegelverkehrt hinzulegen, damit die Schleife bei beiden Handschuhen auf der Oberseite ist.

TIPP

Du kannst die Handschuhe auch aus Fleece nähen, dann werden sie besonders warm. Sollen es nur leichtere Übergangshandschuhe werden, kannst du z. B. innen und außen Jersey verwenden.

Lenkertasche

- IMMER ALLES AM FAHRRAD -

MATERIAL

★★★

gewachster Baumwollstoff in Mittelblau mit Punkten in Blau, 90 cm breit, 50 cm ★ Baumwollstoff in Rot mit Punkten in Weiß, 50 cm x 35 cm ★ Vlieseinlage (z. B. Vlieseline® H 250) 90 cm breit, 35 cm ★ 3 Kunststoffdruckknöpfe in Blau ★ Variozange ★ farblich passendes Nähgarn

Schnittmusterbogen B

ZUSCHNEIDEN

Schneide alle Stoffteile mit 1 cm Nahtzugabe zu.

Baumwollstoff in Blau
1x Taschenteil
2x Schlaufe
2x Taschenklappe

Baumwollstoff in Rot
1x Taschenteil (im Stoffbruch)

Vlieseinlage
1x Taschenteil (im Stoffbruch)
2x Schlaufe
1x Taschenklappe

Bügle die Vlieseinlage nach Hersteller-anleitung auf die linke Stoffseite des Taschenteils in Rot. Lass dir dabei von einem Erwachsenen helfen.

Falte die beiden Taschenteile jeweils am Stoffbruch rechts auf rechts, fixiere die Lagen mit Stecknadeln und nähe die Stoffe an den Seitenkanten füßchenbreit zusammen, die ausgesparten Ecken am Boden lässt du offen.

Ziehe bei beiden Taschen die Stofflagen auseinander und lege jeweils die Seiten-nähte auf die Bodenlinie (Stoffbruch). Nähe die offenen Kanten für die Boden-ecken füßchenbreit zusammen.

Bügle die Vlieseinlage auf die linke Stoff-seite der Schlaufen und einer Taschen-klappe. Lass dir dabei von einem Erwach-senen helfen.

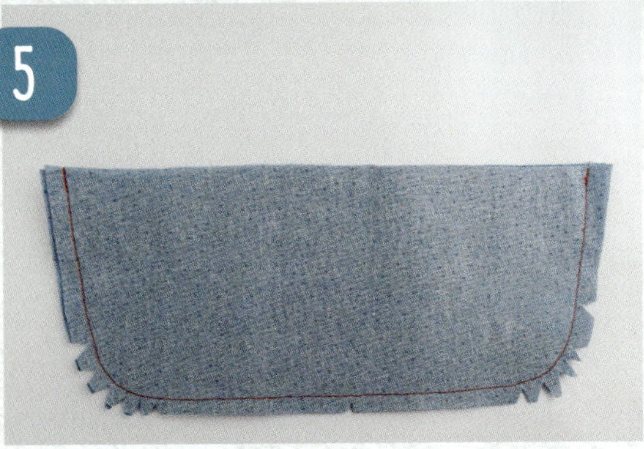

Lege die beiden Taschenklappenteile rechts auf rechts, fixiere sie mit Stecknadeln und nähe sie an den Seiten und an der Unterkante zusammen. Die obere, gerade Kante bleibt offen. Knipse die Nahtzugaben an den Rundungen ein und wende die Klappe.

Falte die Schlaufen jeweils mittig rechts auf rechts, sodass die langen Kanten bündig aufeinandertreffen. Nähe die Teile an einer kurzen Seite und der langen Kante füßchenbreit zusammen. Schneide die Nahtzugaben an den Ecken zurück und wende die Schlaufen.

Wende die blaue Tasche auf rechts. Lege die Schlaufen mit 5 cm Abstand zu den Seitenkanten an eine obere Kante der Tasche auf die rechte Stoffseite; die offenen Kanten liegen dabei bündig.

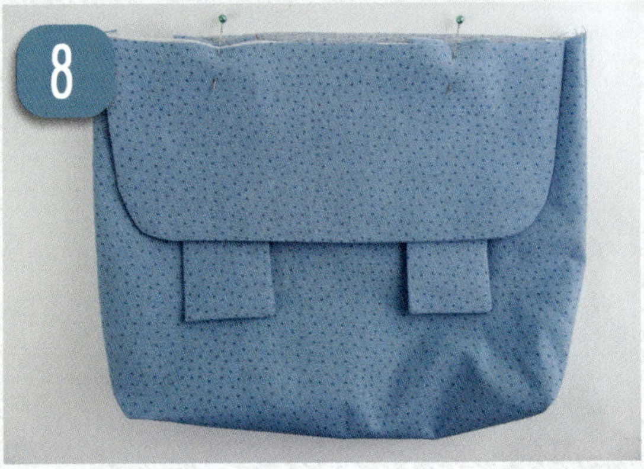

Lege die Taschenklappe mittig mit den offenen Kanten bündig zur oberen Taschenkante darüber und fixiere die Lagen mit Stecknadeln.

Schiebe die blaue Tasche rechts auf rechts in die rote Tasche. Zeichne auf der der Klappe gegenüberliegenden Seite an der oberen Kante eine 10 cm lange Wendeöffnung ein. Nähe die Taschen an der Oberkante rundherum füßchenbreit zusammen. Lass die Wendeöffnung aus.

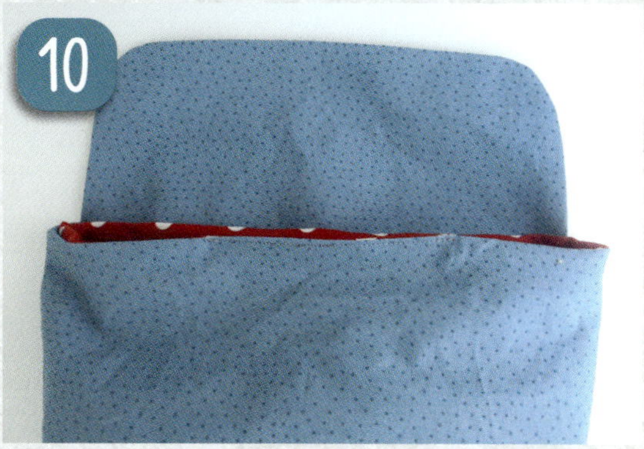

Wende die Tasche durch die Wendeöffnung. Schiebe die Nahtzugaben an der Öffnung 1 cm nach innen und nähe die Öffnung knappkantig zu. Einen Druckknopf in der vorderen Mitte der Klappe befestigen, mit ca. 1 cm Abstand zum Klappenrand. Anschließend mit Bleistift eine Markierung für das Drucker-Gegenstück am Taschenvorderteil einzeichnen und diesen ebenfalls anbringen.

11

An beiden Laschen mit ca. 1 cm Abstand zur Taschenoberkante Druckknöpfe befestigen. Die Laschen einmal um den Lenker schlagen, mit Bleistift eine Markierung für das Drucker-Gegenstück am jeweiligen Laschenende einzeichnen und diesen ebenfalls anbringen.

Bandeau-Top

- MIT FRECHEN RINGELN -

MATERIAL

★☆☆

Jersey in Türkis-Weiß geringelt, 120 cm breit, 45 cm ★ Bündchenware in Türkis, 120 cm breit, 30 cm ★ farblich passendes Nähgarn

ZUSCHNEIDEN

Das Bandeau-Top wird aus einem Teil und zwei Bündchenstreifen genäht. Bevor du die Teile zuschneidest, musst du deren Länge und Breite berechnen.

Miss für die Breite des **Bandeau-Teils** deinen Brustumfang an der stärksten Stelle und multipliziere ihn mit 1,15. Addiere dann 2 cm für Nahtzugaben. Für die Länge des Bandeau-Teils misst du die Strecke von unterhalb der Achseln bis zur Hüfte. Die Bündchen-Maße werden nicht abgezogen, denn das Teil soll ja lässig sitzen und der Stoff unten etwas über das Bündchen fallen. Schneide anschließend für ein Bandeau-Top ein Rechteck mit der berechneten Breite und Länge aus Jersey zu. Die Maße enthalten bereits 1 cm Nahtzugaben.

Für die **Bündchen** misst du den Brustumfang unterhalb der Achseln und den Hüftumfang und berechnest die Maße der Bündchen folgendermaßen:

Oberes Bündchen
Länge (Weite):
Brustumfang unterhalb der Achseln
x 0,7 + 2 cm Nahtzugabe
Höhe: 10 cm

Unteres Bündchen
Länge (Weite):
Hüftumfang x 0,9 + 2 cm Nahtzugabe
Höhe: 14 cm

Schneide anschließend das obere und untere Bündchen mit der Höhe und berechneten Länge aus Bündchenware zu.

1 Falte das Bandeau-Teil quer mittig rechts auf rechts, sodass die kurzen Kanten bündig aufeinandertreffen. Fixiere die Lagen mit Stecknadeln und nähe die kurzen Kanten füßchenbreit zusammen.

2 Lege die Bündchen rechts auf rechts, sodass die kurzen Kanten aufeinandertreffen. Fixiere die Lagen mit Stecknadeln und nähe sie füßchenbreit zusammen.

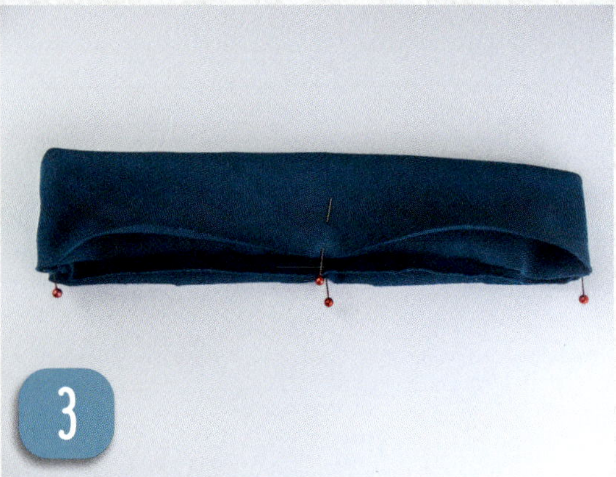

3

Falte die beiden Bündchenringe links auf links, sodass sie nur noch halb so hoch sind. Die rechten Stoffseiten liegen jetzt außen. Teile die Bündchenringe mit Stecknadeln in vier gleich große Abschnitte.

4

Die obere und die untere Kante des Bandeau-Tops teilst du mit Stecknadeln ebenfalls in vier gleich große Abschnitte.

5

Schiebe die Bündchenringe rechts auf rechts mit den offenen Kanten nach außen über die obere und die untere Kante des Bandeau-Tops. Achte darauf, dass die Stecknadelmarkierungen jeweils genau aufeinandertreffen und die Bündchennaht jeweils auf die Seitennaht des Tops trifft. Fixiere die Stofflagen mit Stecknadeln.

6

Nähe die Bündchenringe füßchenbreit an dem Top fest, dabei musst du sie gleichmäßig dehnen. Versäubere die Nahtzugaben mit breiten Zickzackstichen (Stichlänge 3 mm, Stichbreite 4 mm), um sie schön zusammenzufassen. Dein Top ist fertig, probiere es gleich an!

Empfehlungen für dich!

ISBN 978-3-7358-9030-6

ISBN 978-3-7358-9225-6

ISBN 978-3-7358-9192-1

ISBN 978-3-7358-9101-3

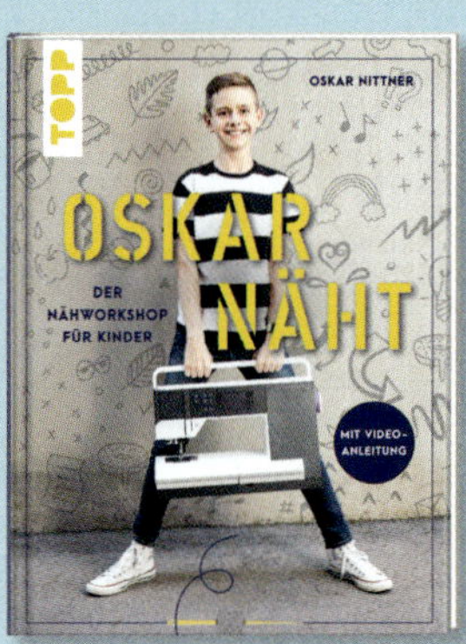

ISBN 978-3-7358-9050-4

ISBN 978-3-7724-4449-4

ISBN 978-3-7358-9130-3

ISBN 978-3-7358-9168-6

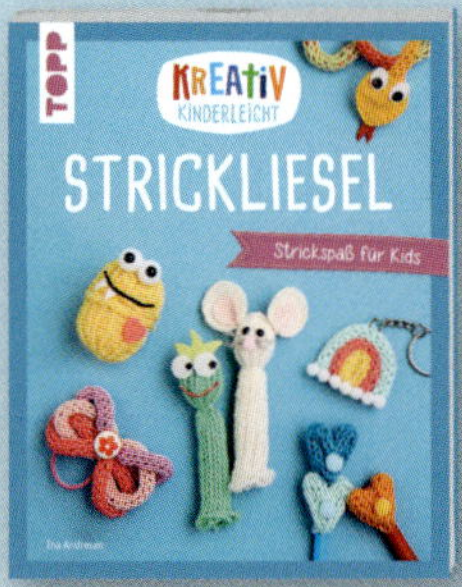

ISBN 978-3-7358-9226-3

Viele weitere Kreativ-Bücher findest du auf www.TOPP-kreativ.de

Entdecke auch unsere Mal- und Zeichenbücher!

ISBN 978-3-7724-8437-7

ISBN 978-3-7724-8459-9

ISBN 978-3-7724-4399-2

ISBN 978-3-7724-4457-9

ISBN 978-3-7724-4456-2

ISBN 978-3-7724-4617-7

ISBN 978-3-7358-9008-5

ISBN 978-3-7724-4393-0

ISBN 978-3-7724-7880-2

#TOPPPROJEKT

Die eigene Kreativität zeigen: TOPPprojekt mit anderen Kreativen teilen und Teil der Gemeinschaft werden.

DIY-begeistert und auf Instagram?
Dann unbedingt mitmachen!

Hier gibt's Tipps und Feedback zu den eigenen Projekten. Außerdem verlosen wir jeden Monat ein Überraschungspaket.

Um am Gewinnspiel teilzunehmen, einfach ein Bild vom Kreativ-Projekt aus unseren Büchern mit #TOPPprojekt posten und unserem Account @toppkreativ folgen.

Mehr Infos auf TOPP-kreativ.de/TOPPprojekt

Website
Auf TOPP-kreativ.de kannst du ein riesiges Angebot von über 1.000 Kreativbüchern, Sets & mehr entdecken.

Newsletter
Gleich anmelden unter: TOPP-kreativ.de/newsletter und immer als Erstes von unseren Neuheiten und Sonderaktionen erfahren.

Instagram
@toppkreativ

Pinterest
pinterest.com/toppkreativ

Facebook
facebook.com/toppkreativ

DigiBib
Hier findest du zusätzlich zu vielen unserer Bücher digitale Extras, wie Video-Tutorials, Plotter-Dateien, Vorlagen, Übungsblätter & vieles mehr. Einfach im Impressum deines TOPP-Buchs den Freischalte-Code nachschlagen und exklusive Inhalte freischalten.
TOPP-kreativ.de/digibib

Youtube
youtube.com/frechverlag

Wer wir sind, wie wir arbeiten, was wir lieben ...

Auf Instagram, Facebook und Pinterest findest du mehr über uns und unsere Arbeit und wirst immer schnell und einfach mit den neuesten Infos versorgt.

Alle News, alle Infos und alle Links findest du auf www.TOPP-kreativ.de

Ina Andresen

Schon im Alter von fünf Jahren hat Ina Andresen ihre erste Nähmaschine erhalten. Dieses Modell, das noch per Hand angetrieben wurde, hatte ihr Vater aus England mitgebracht. So nähte sie bereits in ganz jungen Jahren und machte gerne alles selbst. Das ist bis heute so geblieben. Ina Andresen hat in Hamburg Modedesign studiert und lebt mit ihrer Familie im Schwarzwald.

Stefanie Kroth

Stefanie Kroth begann schon als Jugendliche, eigene Klamottenideen an der Nähmaschine ihrer Mutter in die Tat umzusetzen, was am Anfang teilweise abenteuerlich aussah. Es folgte eine Ausbildung an der Modefachschule in Sigmaringen zur Entwurfs- und Schnittdirectrice sowie das Studium der Medien & Kommunikation in Augsburg. Stefanie Kroth arbeitet heute als freie Designerin und Schnitttechnikerin und unterrichtet Mode und Schnittkonstruktion in München.

Danke

Danke an die Firmen Rayher Hobby GmbH (Laupheim), Gütermann GmbH (Gutach-Breisgau), Prym Consumer Europe GmbH (Stolberg), Hotex – Hollmann Textil GmbH (Cham), Union Knopf GmbH (Bielefeld), lillestoff GmbH (Langenhagen), Westfalenstoffe AG (Münster) und Karlotta Pink – Stoffe aus aller Welt (Einsiedeln) für die freundliche Unterstützung mit Materialien.

Service-Hotline

Hast du Fragen oder gibt es ein Problem? Wir helfen dir gern. Ruf uns an oder schreib uns eine E-Mail:

Telefon: 0711 / 123 757 20*

*normale Telefongebühren

E-Mail: hilfe@frechverlag.de

Weitere Informationen zum Verlag und zu unserem gesamten Programm findest du unter: www.topp-kreativ.de

Impressum

Modelle: Ina Andresen (S. 28-31, 36-45, 52-99, 104-123, 126-128, 132-135, 142-145, 150-171); Stefanie Kroth (S. 32-35, 46-51, 100-103, 129-131, 136-141, 146-149)
Fotos: frechverlag GmbH, 70839 Gerlingen; Schrittfotos: Ina Andresen (S. 8-25, 29-30, 37, 39-40, 43-44, 53-54, 57, 60, 62-63, 65-67, 69-71, 74-75, 77-78, 81-83, 85-86, 89-90, 93-94, 97-98, 105-107, 109-111, 113-114, 117-118, 121-122, 127-128, 133-134, 143-145, 151-152, 154, 156-159, 161-162, 165-167, 169-170); Stefanie Kroth (S. 33, 35, 47, 49-50, 101-102, 130, 137-140, 147-148); iStock.com/Mypurgatoryyears (Mädchen auf Cover); restliche Fotos: lichtpunkt, Michael Ruder, Stuttgart
Illustrationen: designed by Freepik
Produktmanagement: Lisa Schmidt, Anna Burger und Cora Friedrich
Lektorat: Christine Schlitt
Covergestaltung: Sandra Preinl
Layout und Gestaltung: Tatjana Ströber, Katrin Röhlig und Laura Wagner
Satz: Laura Wagner
Druck und Bindung: DZS Grafik, Slowenien

Materialangaben und Arbeitshinweise in diesem Buch wurden von den Autorinnen und den Mitarbeitern des Verlags sorgfältig geprüft. Eine Garantie wird jedoch nicht übernommen. Autorinnen und Verlag können für eventuell auftretende Fehler oder Schäden nicht haftbar gemacht werden. Das Werk und die darin gezeigten Modelle sind urheberrechtlich geschützt. Die Vervielfältigung und Verbreitung ist, außer für private, nicht kommerzielle Zwecke, untersagt und wird zivil- und strafrechtlich verfolgt. Dies gilt insbesondere für eine Verbreitung des Werkes durch Fotokopien, Film, Funk und Fernsehen, elektronische Medien und Internet sowie für eine gewerbliche Nutzung der gezeigten Modelle. Bei Verwendung im Unterricht und in Kursen ist auf dieses Buch hinzuweisen.

8. Auflage 2026
Überarbeitete Neuauflage von TOPP 7877 und TOPP 8419.

© 2021 frechverlag GmbH, Dieselstr. 5, 70839 Gerlingen, einem Unternehmen der Penguin Random House Verlagsgruppe GmbH, München, produktsicherheit@frechverlag.de

MIX
Papier | Fördert gute Waldnutzung
FSC® C106600
Penguin Random House Verlagsgruppe
FSC® N001967

Auflösung

1 C	7 B	13 B
2 B	8 A	14 C
3 A	9 C	15 A, B
4 A, C	10 A	16 C
5 A	11 B	
6 B	12 C	

 ISBN: 978-3-7724-4451-7 Best.-Nr. 4451